AF385417

HISTOIRE

DE LA VALLÉE D'ANDORRE

ET DE SES RAPPORTS

Avec le ci-devant Comté de Foix,

Aujourd'hui formant le Dép.t de l'Ariége,

PAR M. J. SANS CADET

(DE BOURGMADAME.)

TOULOUSE,

A. N. DOURS, ÉDITEUR,

RUE DES BALANCES, 47.

—

1842.

Imprimerie de V.ᵉ CORNE, rue Pargaminières, 81.

AVIS.

—

L'Andorre est à peu près semblable à l'un des cantons suisses, dont nos plus célèbres écrivains ont tracé d'agréables peintures : placée entre la France et l'Espagne, et conservant depuis Charlemagne les mêmes mœurs et les mêmes institutions, au milieu des révolutions qui ont si souvent changé la face de ces deux royaumes, elle présente un phénomène digne de remarque et de l'attention du moraliste et du politique.

Cédant à la pensée de décrire les faits, qui, la plupart, sont ignorés du vulgaire, je me suis proposé d'en analyser les causes, en rassemblant dans un tableau abrégé tout ce qui nous intéresse le plus dans l'histoire de ce peuple simple, vertueux et pauvre.

Si je ne puis donner au lecteur une haute idée de la souveraineté et indépendance de ce peuple fidèle à ses engagements, il devra l'attribuer plutôt à la stérilité de la plume qu'à ma volonté ; alors, dans ce cas, je recevrai avec soumission et considération le même reproche que les illustres jurisconsultes *Julianus* et *Marcellus* adressèrent à un de leurs scribes, qui voulait, par une de ses épîtres, leur donner des conseils : « Allez, lui « dirent-ils, exercer votre profession de « copiste, ou rentrez dans la fange d'où « vous êtes sorti. »

Dédicace.

C'est à vous, mon très cher et honoré oncle, curé du canton de Montlouis, chanoine honoraire, âgé de 96 ans, que j'offre ce petit Essai, à titre de reconnaissance et de gratitude de ce que vous m'avez donné les premiers éléments de la langue latine et les principes d'une morale pure, si toutefois j'en ai profité comme vous le désiriez.

Le progrès des sciences auxquelles j'aspirais dans mes premières années m'a donné l'idée de me produire dans la société, non comme historien, mais seulement comme simple élève, qui, par trop de caractère, n'a su pactiser avec le système des révolutions.

Recevez donc cet hommage d'amitié, de respect et de considération de la part d'un de vos neveux qui vous a été cher, et qui fera des vœux pour la prolongation de vos jours et pour la prospérité de la famille.

J. SANS CADET.

HISTOIRE

DE LA VALLÉE D'ANDORRE.

L'Andorre est située au 42ᵉ degré et demi de latitude, et au 19ᵉ degré 10' de longitude suivant le méridien.

L'ANDORRE.

De Paris, elle s'étend sur la partie méridionale des Pyrénées, dans un espace d'environ 12 lieues du nord au midi, et de 10 lieues du levant au couchant. Elle a au nord-ouest l'ancien comté de Foix (aujourd'hui le département de l'Ariége); au sud-ouest, la vallée de Carol (française) et la Cerdagne (espagnole).

De hautes montagnes l'enferment et la séparent de tous ses voisins, excepté au midi, vers le château d'Urgel, au débouché de l'Embalire ou Balire. Les autres passages ne sont que des ports impraticables dans la saison des neiges : l'un, au levant, aboutit à la commune de l'Hospitalet, descend en France par des chemins montagneux et déserts, le long de la rive gauche de l'Ariége, pendant l'espace de deux lieues ; l'autre est le port, passage d'Auzat, qui conduit à la vallée de Vicdessos.

On ne peut mieux figurer l'Andorre qu'en assimilant à la lettre ij ses deux vallées, dont la plus longue est traversée par *l'Embalire*, et l'autre par *l'Ordino*, deux rivières qui prennent leurs sources près des frontières françaises, et font leur jonction à la ville d'Andorre, chef-lieu qui a donné son nom à cette contrée. Elle est entrecoupée d'une infinité de ruisseaux qui descendent des montagnes et vont se jeter dans *l'Embalire* ou Balira.

Andorre, qui est donc située entre Foix (en France) et Urgel (en Espagne) est arrosée par *l'Embalire* et a une population d'environ six mille âmes.

ORIGINE DE L'INDÉPENDANCE D'ANDORRE.

Vers l'an 790, Charlemagne, ayant fait la guerre aux Maures, les défit dans une vallée des Pyrénées voisine et parallèle de l'Andorre, qui a pris le nom de Carol de ses anciens souverains, et l'a conservé depuis sa réunion à la France.

Les Andorrans, selon la tradition du pays, reçurent l'armée de Charlemagne dans la partie basse de la vallée, et la dirigèrent vers la partie montagneuse de la Catalogne. L'empereur, pour les récompenser de leur zèle, les rendit indépendants des princes leurs voisins, les délivra des Maures, et leur permit de se gouverner par leurs propres lois.

CONCESSION FAITE PAR LOUIS LE DÉBONNAIRE AUX ÉVÊQUES D'URGEL.

Le fils de Louis le Débonnaire, que les Andorrans appellent encore Louis le Pieux,

*

ayant chassé les Maures jusqu'au-delà de l'Èbre, et assuré la conquête de la Catalogne par la prise de Barcelone en 804, et par celle de Tarragone en 811, régla les affaires de cette province, nomma le comte Bera gouverneur de Barcelone, Sémofroi étant alors comte d'Urgel.

Le roi fit cession à Sizébut, évêque d'Urgel, d'une partie des droits que Charlemagne s'était réservés sur toutes les paroisses et dépendances de la vallée d'Andorre, tant pour lui que pour ses successeurs. Dans cette cession, il fut stipulé que la moitié de la dîme des six paroisses qui composent cette vallée appartiendrait à l'évêque d'Urgel, et l'autre moitié (la ville d'Andorre exceptée (au chapitre de l'église cathédrale, que les Maures avaient détruite et que le prince fit rebâtir à ses frais.

La moitié de la dîme de la ville d'Andorre fut donnée à un des principaux habitants qui avait rendu les plus grands services aux armées françaises. Cette portion fut appelée et porte encore le nom de *droit carlovingien.* Elle est possédée aujourd'hui, sous le même titre, par la famille de don Guillem, la plus riche d'Andorre. Il existe aussi en Catalogne des portions de dîmes qui furent cédées par Louis le Débonnaire à des séculiers, en récompense de leurs services, et qu'on appelle encore Droits Carlovingiens. Ce fut lors de cette cession, dont le titre existe dans les archives de l'évêché d'Urgel, que Louis régla le mode de gouvernement et les droits qu'il réservait tant pour lui que pour l'évêque d'Urgel.

S'il faut en croire les traditions du pays, ces réglements se sont conservés sans altération, et sont encore en vigueur dans ce moment. Il a existé quelques différends entre le prince et l'évêque d'Urgel ; car, depuis la cession faite par Louis le Débonnaire, les évêques d'Urgel ont pris ce titre, et les princes français celui de suzerains d'Andorre ; mais ces différends n'avaient pour objet que leur plus ou moins de droits, et étaient étrangers à l'administration intérieure, qui existe encore telle que Louis le Débonnaire la régla en 824.

Possidonius succéda à l'évêque Sizébut, après sa mort, arrivée en 840 ; il eut pour successeur Florent, le troisième évêque qui jouit des droits établis par nos rois. A cette même époque, Vecifredo, premier de ce nom, était comte de Barcelone, sous la souveraineté de la France; et deux de ses fils eurent les comtés d'Urgel et de Cerdagne, et respectèrent toujours l'ouvrage de Charlemagne et de Louis le Débonnaire.

Les comtes de Foix exerçaient les droits de la couronne de France.

Il est difficile de savoir comment les comtes de Foix acquirent dans la suite les droits que Louis le Débonnaire s'était réservés sur cette vallée; mais on peut croire que dans le temps où les grands vassaux de la couronne s'attribuèrent beaucoup de droits et empiétèrent souvent sur ceux de leur souverain, le comte de Foix, voisin de l'Andorre et y possédant des biens, ainsi que nous le verrons par la suite, dût y exercer les droits que le prince s'était réservés.

Sans pénétrer dans l'obscurité des temps où l'exercice de ces droits a commencé, nous citerons un arrangement fait sous Philippe-Auguste, par Raymond Roger, à son retour de la Terre-Sainte, avec Castelle, évêque d'Urgel.

En 1194, il fut convenu que les deux seigneurs jouiraient de l'autorité par indivis, et l'évêque remercia le comte d'avoir pris les armes en sa faveur contre le comte d'Urgel.

Il y a eu plusieurs accords entre les évêques d'Urgel et les comtes de Foix. Ceux-là, ayant acquis le vicomté de *Castelbo* par le mariage de Roger Bernard, surnommé le Grand, avec Hermessinde, héritière du vicomté de *Castelbo*, dûrent nécessairement conserver intacts leurs droits sur l'Andorre, que leurs possessions entouraient de toutes parts ; mais ils respectèrent toujours et firent respecter par les armes à tous leurs voisins l'indépendance de cette vallée.

Les arrangements, que quelques différends avec l'évêque d'Urgel rendirent nécessaires, sont intitulés *paréages* ou pariages, et sont encore *aujourd'hui* la base de tous les droits respectifs. Le plus remarquable de ces accords est celui fait en 1278, par six arbitres nommés par Roger Bernard, comte de Foix, et Pierre, évêque d'Urgel. La sentence arbitrale fut rendue en présence de Pierre, roi d'Aragon, qui en garantit l'exécution. Il résultait de cette sentence que l'évêque et le comte pourraient percevoir tous les ans le produit d'une taille ou contribution payée par les habitans de l'Andorre, laquelle contribution fut fixée par l'évêque à une somme fixe de quatre mille sols (monnaie du comté de Melgueil); tandis que cette faculté était illimitée pour le *comte*.

Les trois quarts des émoluments de la justice, depuis l'indépendance de la vallée, furent en commun entre les viguiers de l'un et l'autre pouvoirs, pour le civil seulement. Les jugements des viguiers ou des baillis étaient portés devant un juge d'appel nommé par l'évêque, et le comte statuait sur les causes purement civiles. Le jugement qui intervenait sur la cause confirmait le pouvoir spirituel de l'évêque, qui s'étendait alors sur le comté de Cerdagne, ainsi que plusieurs bulles du Saint-Siége l'avaient accordé à ses prédécesseurs; et quoique une partie de la Cerdagne eût été réunie à la France sous Louis XIII, l'évêque d'Urgel n'en conserva pas moins le pouvoir spirituel sur cette partie même, jusqu'à la révolution de 1789. Cet accord ou paréage portait encore que les possessions du comte dans la vallée d'Andorre seraient un fief d'honneur.

Les franchises et priviléges que les Andorrans possédaient alors, tels que d'extraire des provisions des comtés de Foix et d'Urgel, leur furent confirmés depuis cet accord. L'évêque et le comte continuèrent de jouir de la plénitude de leurs droits, par la réunion du comté de Foix à la couronne, lors de l'avènement de Henri IV au trône de France. Les Andorrans possédaient déjà certaines franchises dans le comté d'Urgel, où ils envoyaient hiverner leurs troupeaux.

Louis IX ayant cédé, par le traité de Corbeil, en 1258, ses droits de souveraineté sur les comtés de Barcelonne, Urgel, etc., à Jacques, roi d'Aragon, droits dont ses prédécesseurs avaient joui, depuis Charlemagne, les rois d'Aragon confirmèrent aux Andorrans les mêmes priviléges dans l'Urgel, et par suite les rois d'Espagne les en ont toujours laissé jouir paisiblement.

ÉTAT DE L'ANDORRE SOUS LES ROIS DE FRANCE DEPUIS HENRI IV.

Les rois de France ont, depuis Henri IV, repris l'exercice des droits que Louis le Débonnaire s'était réservés, en se conformant aux usages établis par les comtes de Foix. Dès lors ils y firent rendre la justice par leurs viguiers et reçurent l'hommage des Andorrans à chaque avènement au trône. Ceux-ci prêtaient serment entre les mains du commandant de la province de Foix, ainsi qu'il conste par les procès-verbaux soigneusement gardés dans les archives du département de l'Ariége. On renouvelait auxdits Andorrans, au nom du roi de France régnant à l'époque du serment, la permission d'extraire de la province de Foix, sans payer les droits, mille charges de seigle, douze cents bêtes à laine, trente paires de bœufs, et autres objets non prohibés à la sortie, tels que minerai du fer, pour alimenter leurs forges, qui sont en nombre. Cette permission leur fut définitivement confirmée par arrêt du conseil, du 18 décembre 1767, moyennant l'indemnité convenue.

M. de Beaulieu, ministre des contributions publiques, par sa décision du 21 juin 1792, renouvela la générosité de nos souverains envers les Andorrans, par laquelle ils avaient fixé à 1870 francs le tribut auquel lesdits Andorrans s'étaient obligés envers la France, et ce seulement payable tous les deux ans, ce qui faisait 935 francs annuellement. En même temps le tribut en faveur de l'évêque d'Urgel fut fixé à 450 fr. payables tous les ans, le tout sans déroger au principe ni à l'étendue de la transaction ou paréage du 8 septembre 1278.

ÉTAT DE L'ANDORRE PENDANT LA RÉVOLUTION FRANÇAISE.

Tels étaient les rapports entre les deux pays lorsqu'en 1793, fidèles à leurs engagements, les Andorrans se présentèrent à Foix (Ariége) pour payer leur tribut. Les administrateurs du département de l'Ariége leur déclarèrent, par la lettre du 22 août 1793, qu'ils ne pouvaient accepter le paiement de cette redevance alors qualifiée *droit féodal*, par les lois du 4, 6, 7, 8, 11 août 1789, 15, 28 mars 1790. (B. I. 182). Quoique cette redevance ne résultât que d'un abandonnement fait en faveur de la vallée d'Andorre, pour la taille ou contribution que les rois de France avaient le droit de prélever sur le pays, on aurait pu d'ailleurs considérer cette contribution comme l'équivalent de la permission d'extraire de ce département une quantité d'objets sans payer de droit. Quoiqu'il en soit, la France cessa alors ses rapports avec l'Andorre. Celle-ci, séparée de son viguier français, n'en conserva pas moins son attachement pour la France ; elle résista courageusement à la violation de son territoire par les Espagnols, et prodigua à nos prisonniers qui s'échappaient d'Espagne des secours et des guides, dans ces temps déplorables où toute raison, tout principe étaient renversés et foulés aux pieds ? Placés entre deux grandes nations qui se faisaient la guerre, elle sût conserver intacte sa neutralité, en usant, selon les circonstances, de prudence et d'énergie.

Dès que la paix fut signée par les deux puissances, les Andorrans firent des démarches auprès des autorités pour que la France reprît l'exercice de ses droits sur leur pays, et leur rendît sa protection.

Enfin, en 1801, deux commissaires membres du conseil souverain de la vallée d'Andorre furent députés auprès de M. le Préfet de l'Ariège, à qui ils remirent une supplique, dans laquelle, après avoir fait valoir leur attachement à la France, ils demandaient un viguier français et le renouvellement de tous les droits et rapports existant avant la révolution de 1789.

Cette demande, signée de *don Jouan Soussy d'Ordino* et de *don Sicard d'Encamp*, se trouve aux archives de la préfecture de l'Ariège.

L'ÉTAT ACTUEL DE LA VALLÉE D'ANDORRE.

Par suite de la demande dont il vient d'être parlé, le chef du gouvernement d'alors (Napoléon) reprit l'exercice des droits de la couronne de France, et par décret du 27 mars

1806, il est dit que, vû la demande des habitans de la vallée d'Andorre tendante à être rétablis dans leurs anciens rapports d'administration, de police et de commerce avec la France, etc, etc.,

ART. 1.ᵉ

Il sera nommé par nous, sur la présentation du ministre de l'intérieur, un viguier, pris dans le département de l'Ariége, et qui usera de tous les priviléges que les conventions ou l'usage lui avaient attribués.

ART. 2.

Le receveur géneral du même département recevra la redevance annuelle de 960 fr.

ART. 3.

La faculté est accordée aux Andorrans d'extraire annuellement la quantité de grains et le nombre de bestiaux dont l'arrêt du conseil de 1767 leur avait garanti l'extraction.

ART. 4.

Trois députés des Andorrans nous prêteront serment, chaque année, entre les mains du préfet de l'Ariége, que nous autorisons à cet effet par le présent décret.

ART. 5.

Nos ministres de l'intérieur, des finances et des relations extérieures sont chargés, etc., etc.

Les objets que les Andorrans ont le droit ou permission d'extraire de la France, sans payer des droits de sortie, sont : 1° 1000 charges de blé; 2° 30 charges de légumes; 3° 1200 brebis ou moutons; 4° 60 bœufs; 5° 40 vaches; 6° 200 cochons; 7° 20 mulets; 8° 20 muletons; 9° 30 chevaux; 10° 20 juments; 11° 1080 kilog. poivre; 12° 2160 kilog. poisson salé; 13° 150 pièces de toile. L'extraction de ses objets doit être faite par le bureau d'Ax; enfin tout le minerai pour alimenter les forges d'Andorre, n'importe par quelle sortie, la quantité n'étant pas fixée; de sorte que le minerai peut être pris aux minières de Vicdessos et de la vallée de Carol, sans être assujettis à aucune formalité, ainsi que les Andorrans en ont joui avant et depuis la révolution française.

Bientôt après, par décret du {mois d'avril 1806, un viguier français fut nommé avec tous les titres et pouvoirs de ses prédécesseurs. (il est à remarquer que Bonaparte, dans toute sa puissance, respecta toujours la neutralité de l'Andorre depuis 1808 à 1813). Ce pays fut entouré de corps d'armée et d'employés de la douane française, et il n'y a pas d'exemple qu'une force armée soit entrée dans son territoire ; on se bornait seulement à demander l'extradition des déserteurs, et le gouvernement d'alors, comme dans tous les temps, accorda une protection particulière à ce bon peuple.

Le roi de France, monté au trône de ses ancêtres que la révolution française avait renversé ; sanctionna, à son avènement, cet état de choses par la nomination de son viguier, nommé sur la démission de l'ancien titulaire, qui, à cause de son grand âge, ne pouvait exercer les fonctions.

Par ordonnance du mois d'avril 1820, Sa Majesté a confirmé à son viguier tous les droits, titres et avantages quelconques dont jouissaient les viguiers ses prédécesseurs. Tous les ans, les envoyés de l'Andorre vont payer le tribut, et prêter le serment convenu entre les mains de M. le préfet de l'Ariége.

La seule innovation que la révolution ait causée dans les rapports qui existent entre la France et l'Andorre, c'est que celle-ci est obligée, d'après le décret du 27 mars 1806, de payer annuellement 960 fr.

Depuis, l'Andorre, menacée dans ses droits par les autorités espagnoles, a eu recours à son viguier français, afin de demander par son intervention la protection de Sa Majesté Très-Chrétienne, tout-à-fait naturelle, ainsi qu'il en conste par sa supplique du mois de février 1822, adressée à son suzerain le roi de France, dans laquelle il est dit qu'en défendant l'indépendance de ce petit état, Sa Majesté défendra ses droits et sa propriété.

LES ARMES D'ANDORRE.

Pour donner une nouvelle preuve des liens qui l'ont toujours unie à la France, nous dirons que les armes adoptées, depuis un temps immémorial, par le gouvernement d'Andorre, sont : un écusson surmonté d'une couronne de prince ; d'un côté se trouvent *trois pals sur un champ d'or*, dans l'autre partie deux vaches; les pals sont les armes des anciens comtes de Foix, auxquels ils accolèrent les vaches de Béarn, lorsque les droits des comtes de Foix échurent aux rois de Navarre.

C'est donc les armes de Foix que l'Andorre adopta et dont elle se sert encore dans tous les actes publics, qu'il est d'usage de sceller des armes du pays; et c'est un hommage de plus que ce petit état a rendu aux princes français, ses suzerains.

Dans les passeports ou actes publics qui doivent circuler dans le rayon de l'évêché d'Urgel, M. le syndic se sert des mêmes armes, mais écartelées avec une crosse et une mitre.

DIVISION DU TERRITOIRE D'ANDORRE.

Cette contrée est divisée en six communautés ou paroisses, qui sont : la ville appelée Andorre, chef-lieu qui donne le nom au pays, *Saint-Julia*, Loria, Encamp, Canillo (autrefois Canillan) et la Massana; à ces six communautés sont adjoints une *vingtaine* de *hameaux* et une multitude d'habitations isolées formant au moins quarante annexes, et diverses chapelles, parmi lesquelles on y remarque la chapelle du sanctuaire de Mérichel, dédiée à la Sainte Vierge : le jour de la fête, un grand nombre d'Andorrans et d'étrangers y vont en dévotion pour se recommander plus particulièrement à la mère de Dieu ; chaque communauté a une ou deux maisons communes destinées à la réunion des autorités locales.

Sa population.

La population n'est point en rapport avec son étendue : elle est d'environ six mille âmes, ainsi que nous l'avons dit à la page 8 ; ses naissances sont de 145 à 160, et dépassent très peu le nombre des morts. Le peu de terrain susceptible d'être mis en culture est sans doute une des causes principales qui s'opposent à l'accroissement de la population, accroissement qui serait à charge au pays, à raison de sa stérilité : ce qui fait que peu d'étrangers cherchent à s'y établir.

Sa Religion.

Les Andorrans sont tous catholiques et fort religieux. Les membres de leur clergé sont en général nationaux; ils font leurs études dans l'évêché d'Urgel, dont ils dépendent quant *au spirituel*; cependant plusieurs de leurs ecclésiastiques ont fait et font leurs études en France, suivant l'aisance des parents.

Les Andorrans paient la dîme à l'évêque et au chapitre d'Urgel de la même manière que le régla Louis le Débonnaire, ainsi que nous l'avons vu ci-devant, par la cession qu'il en fit en 8J9; et ce n'est que depuis la mort de Ferdinand VII qu'ils chercheraient à s'y soustraire, par suite des sollicitations appuyées de menaces ¦de la part du gouvernement espagnol, qui, par des lois révolutionnaires, à l'instar de celles que la France décréta en 1790 et 1793, veut supprimer la hiérarchie des pouvoirs, droits, dîme, etc.

Le clergé d'Andorre n'ayant aucune part à la dîme, chaque curé reçoit un modique traitement de l'évêque d'Urgel; ce traitement est augmenté par des fondations qui sont attachées aux cures de chaque paroisse. Les vicaires sont payés des fonds particuliers et extraordinaires des communes. Il y a beaucoup de prêtres desservant les chapelles des annexes, qui jouissent également des fondations qui y sont attachées.

La nomination aux cures ou bénéfices appartient, les huit premiers mois de l'année, au Saint-Siége, qui y nomme sur la présentation de trois candidats désignés par M. l'évêque d'Urgel; durant les autres quatre mois, la nomination appartient exclusivement à M. l'évêque.

Les Andorrans s'allient entre eux, et souvent ils sont obligés d'avoir recours au Saint-Siége pour cause de parenté. On conserve quelques punitions canoniques pour maintenir l'ancienne sévériré des mœurs : il y a des personnes qui, pour des fautes très graves, sont exclues pendant quelque temps de l'intérieur de l'église, et elles se soumettent sans peine et avec respect à cette punition, du moins jusques en 1830.

Instruction publique.

L'instruction publique ne peut être répandue dans un pays où il n'y a guère que des bergers et des laboureurs, et la répandre dans toutes les classes ne serait pas produire un grand bien; elle ne pourrait conduire à aucun avantage général ni particulier. Cependant il y a une école dans chaque paroisse, tenue par le vicaire qui y est obligé : ces écoles gratuites ne sont que pour les garçons; il y a, en outre, deux ou trois écoles où l'on enseigne les premiers éléments du latin, mais ces écoles sont réservées aux jeunes gens qui se destinent à l'état ecclésiastique, et à ceux qui par la position sont appelés à remplir les premières fonctions du pays. On trouve parmi ces derniers des hommes très instruits, qui connaissent le droit espagnol et français; plusieurs ont le grade d'avocat, qu'ils ont pris soit en Espagne soit en France.

Un cardinal de la maison de Foix, qui avait établi à Toulouse le collége de Foix ou de la Vache (à cause des armes du Béarn), avait laissé des bourses pour des étudiants andorrans, et l'Andorre a joui de ces places jusqu'à la suppression de ce collége : cette suppression eut lieu par le décret du 2 juillet 1790 (B. IV. 9).

Les ecclésiastiques andorrans étaient et sont admis aux prébendes et aux bénéfices dans l'évêché d'Urgel; ils avaient en France les v êmes droits et priviléges avant 1790, et, depuis, quelques-uns ont été placés à cette considération dans le diocèse de Pamiers (Ariége).

Hommes remarquables.

On a vu de tout temps des militaires andorrans servir dans les armées de France, entre autres le fameux Calvo, qui défendit Maestricht, ville très-forte des Pays-Bas, sur la Meuse, à cinq lieues de Liége, lors du siége de Louis XIV, contre Guillaume, roi d'Angleterre et stathouder de Hollande, qui la prit en treize jours de tranchée ouverte, au mois de juillet 1673.

Louis XIV disait de lui : J'étais sans crainte quand il défendait une place. Calvo était natif du hameau de Saldeu, paroisse de *Canillo.* Sa patrie compte encore plusieurs autres guerriers, les *Almogabres,* dont le chef Almogabre reçut de Ferdinand un don considérable en récompense des services qu'il lui avait rendus.

Archives de l'Andorre.

On garde dans le palais de la vallée et au chef-lieu (la ville d'Andorre) les archives du pays. La pièce la plus importante de ce dépôt est un volumineux manuscrit, où, depuis l'époque de l'indépendance, c'est-à-dire depuis douze siècles, chaque syndic a relaté les principaux faits arrivés sous son syndicat. C'est un énorme amas de notes écrites dans le langage du pays, sans suite ni méthode; il ne peut point être déplacé du palais, et pour le consulter et le comprendre, il faut avoir beaucoup de connaissances locales. C'est ce qu'a entrepris avec succès en 1748 don Antonio Fiter y Roussel, habitant d'Ordino, qui a écrit une histoire d'Andorre, intitulée : *Manuel digeste de la vallée d'Andorre.* Ce Manuel a été copié à la main à peu d'exemplaires : l'original est dans le palais de la vallée, et les copies entre les mains de quelques particuliers, qui les gardent pour eux et ne cherchent point à les publier. L'auteur de cette notice n'a pas pu se le procurer; il est aussi écrit en langage du pays, et c'est ici le cas de dire que ce langage est un mélange de catalan et de patois vulgaire de la ci-devant province de Foix, idiome qui est même en usage dans les actes publics : ce que nous avons reconnu par la production de quelques titres.

Mœurs et Habitudes.

Les mœurs simples et sévères des habitants de l'Andorre commandent le respect; les vices et la corruption des villes n'ont point pénétré dans ces vallées, du moins d'une manière sensible : on dirait qu'elles sont l'asile secret de la modération et de la vertu. Les habitants vivent encore comme leurs pères vivaient il y a cinq cents ans; rien n'a changé. Le luxe et les arts et tout ce que la civilisation des grands peuples qui les entourent présentent d'éclat leur inspirent plus de crainte que d'envie; ils doivent sans doute, autant à ce bon esprit qu'à la nature du sol et à leur pauvreté, le bonheur d'avoir été étrangers aux commotions politiques du reste de l'Europe : (c'est un peuple pasteur). La quantité de bestiaux et le terrain nécessaire pour fournir à leur nourriture une partie de l'hiver, fait leur plus ou moins de fortune.

Chaque famille reconnaît un chef qui se succède par *primo geniture* en ligne directe. Les constitutions de Catalogne y étalant leur empire, les légitimaires ont peu de chose, surtout en considérant que la révolution française n'a pas pu venir encore au secours de ces malheureux par les fastes de cette prétendue liberté et égalité qu'un peuple inconstant et léger a voulu proclamer en Europe : système qui a fait le malheur des peuples qui l'ont écouté. (On citera seulement la *Pologne*, l'*Italie*, la *Belgique*, le *Portugal* et l'*Espagne*.) Aussi les mêmes biens existent-ils dans la principale maison sans avoir subi la moindre division.

Les chefs de famille ou les aînés choisissent leurs femmes dans celles qui jouissent à peu près de la même considération, et où il y a les mêmes emplois à remplir. La fortune n'est point regardée dans ces alliances ; mais ils font toute sorte de sacrifices pour éviter de se mésallier.

Les charges publiques leur sont toujours données dans cette vue; leur éducation est en général mieux soignée que celle des légitimaires. Ceux-ci, loin de se plaindre de cet état de choses, le trouvent très naturel. Il n'en est pas de même en France depuis la publication des lois du 8 avril 1791 sur le partage des successions, et du 17 nivôse an II sur le mode à observer à l'ouverture des successions, et depuis encore que la France a cherché à percher l'instruction dans les contrées les plus élevées et les plus reculées en civilisation. Ce système est nuisible à l'agriculture et au gouvernement : à l'agriculture, de ce que cette légère instruction lui enlève des bras qui lui seraient nécessaires pour la culture des terres ; au gouvernement, de ce que nos jeunes gens en général remplis d'amour-propre et d'orgueil, portés ou inclinés à la nouveauté, se jettent facilement dans les conspirations qui ont trait au renversement du pouvoir, dans la seule vue : *ôte-toi de là que je veux m'y mettre*. Voilà donc le mal de cette instruction générale qui porte la désolation et la mésintelligence dans les ménages, particulièrement dans les campagnes. Les enfants refusent le secours de leurs bras au père qui s'est sacrifié pour leur donner cette instruction, ils ne portent plus de respect à leurs auteurs, ils les méprisent au contraire, ils les abandonnent après leur avoir fait donner jusqu'au dernier sol de leurs épargnes, vont se jeter dans la débauche, et le plus souvent par leur inconduite portent le deuil et l'humiliation dans la chaumière qui les a vus naître.

Je sais d'avance que cette courte dissertation trouvera des contradicteurs, parce qu'elle est en contradiction avec le progrès des révolutions, dont je suis l'ennemi. Mais m'analysant loin du monde et des passions, je puis dire qu'elle est en harmonie avec les principes de l'homme vertueux qui n'aspire ni aux honneurs ni à la fortune, qui n'a seulement en vue que la paix, la tranquillité publique, la prospérité de son gouvernement et la gloire céleste promise à l'homme *humble* et *chrétien.*

Usages et Amusements.

Les fêtes patronales de chaque paroisse qui,

chez les peuples les plus policés, sont souvent une occasion de désordre et une école d'immoralité, ne sont chez les Andorrans que des fêtes patriarchales et de famille. Les jeunes gens réunissent le matin un nombre de musiciens, avec lesquels ils vont prendre leurs magistrats et les conduire à l'église. Cette musique accompagne les chants sacrés. Au sortir de la messe et après leur diner, les habitants de la paroisse se rassemblent sur la place publique; les jeunes gens et les musiciens en tête vont chercher les consuls et le clergé, et c'est en leur présence, et quand ils en donnent l'ordre, que les danses commencent. Quelle soumission! quel respect ne trouve-t-on pas chez un peuple qui, placé dans les vallées des monts Pyrénées, sait reconnaître en même temps le pouvoir administratif et le pouvoir spirituel. Le peuple, modeste dans ses habits, avant de se livrer à des réjouissances, en demande la permission à ces deux autorités.

Les jeunes ecclésiastiques de France, qui croient avoir la science par infusion, et qui même condamnent la ci-devant Sorbonne de Paris, ne manqueront point d'incriminer la présence du clergé d'Andorre à l'ouverture des danses. Oui, cette nouvelle doctrine, qui joue un premier rôle, depuis le concordat avec le Saint-Père en 1801, au lieu de diminuer le vice ne fait que l'augmenter, parce que l'entêtement et le caprice président contre la défense.

Si ces jeunes prêtres étaient moins *passionnés*, plus réservés en parlant de la danse dans le tête à tête avec le sexe féminin, le scandale n'aurait pas tant de sympathies dans les populations. S'ils avaient vu ouvrir les danses sous les balcons du Saint-Père le jour des rois, ils ne se prononceraient point contre les danses publiques, qui en elles-mêmes n'ont rien de pernicieux; car, si elles ne sont pas ordonnées par des statuts, du moins elles sont tolérées et permises chez tous les gouvernements pour le délassement du peuple; car, lorsque l'esprit est occupé à cette simplicité, toute *idée du mal est éloignée*. S'il en était autrement, que les danses fussent funestes à la morale et à la société, le Saint-Père, comme chef de l'église universelle et prince de la terre, n'aurait pas manqué de les défendre dans ses états.

La danse en Andorre, tantôt grave, tantôt précipitée, a un caractère particulier à ce peuple. Les femmes y conservent la modestie avec le caractère de pudeur qui convient à leur sexe. A l'heure de vêpres tout cesse, et la population s'y rend. A la sortie, on recommence avec le même ordre, et à l'approche de la nuit, le consul donne le signal de la retraite, qui est exécutée sur le champ.

Ainsi les mariages des Andorrans et fêtes particulières présentent toujours l'image d'une fête de famille, à laquelle les vieillards chefs de famille président, et où les bonnes mœurs et la décence sont toujours en présence des spectateurs. Il en est ainsi des réunions nombreuses occasionées par les solennités de l'année, par des dévotions particulières à certaines chapelles.

La vieillesse est fort respectée en Andorre, et l'on y trouve beaucoup de vieillards. La sobriété qui est une vertu générale et nécessaire, l'absence de la plupart des vices qui affligent les grands peuples, le calme de toutes les passions, les consolations qu'offre la religion à un peuple souverainement attaché à la foi, et un climat sain, assurent à ses habitants une longue vie.

Ce petit peuple est très hospitalier. Les étrangers sont reçus, surtout à l'approche de la nuit, à la table et au foyer. Le maître se montre peu curieux. Son hôte peut passer la nuit, prendre un repas le lendemain, sans qu'aucune question lui soit adressée sur ses affaires ni sur sa personne. Tous les soirs, le chef de famille réunit les siens dans la grande salle; il y appelle les serviteurs et récite à haute voix la prière. L'étranger, placé auprès de lui, est invité à s'unir à cet acte religieux.

Les mœurs sont très sévères en Andorre; il n'y a presque pas d'exemple qu'une fille oublie auprès d'un jeune homme la modestie et la retenue qui caractérisent son sexe; mais dans le cas (fort rare) où il y aurait des preuves d'un commerce secret entre une fille et un garçon, le clergé, les magistrats, et plus encore l'opinion publique, engagent les parents à former cette union, qui a toujours lieu, quelle que soit d'ailleurs la disproportion des fortunes.

Les Andorrans sont en général robustes et

bien portants; les femmes ont beaucoup de fraîcheur et de belles dents : c'est ce qu'on recherche généralement dans le sexe féminin. La plupart des maladies causées par des affections morales leur sont inconnues. Ils sont également à l'abri des maladies que le vice et la corruption entretiennent dans le reste de l'Europe.

Le costume de ce peuple est simple et grossier. On est habillé avec du drap fabriqué dans le pays, avec la laine de son propre troupeau. Le syndic et les principaux propriétaires, qui sont souvent obligés d'avoir des relations avec les pays qui les avoisinent, soit pour leur intérêt particulier ou celui de la vallée, ont une mise plus décente et plus rapprochée des modes françaises.

Les autorités ont un costume qui ne varie jamais, c'est un manteau de drap brun, doublé en drap cramoisi, avec des manches, où elles passent les bras les jours de cérémonie, et ont soin de retourner en dehors le revers cramoisi. Ce costume, quoique grossier, en impose. Les autorités sont toujours choisies dans la classe des chefs de famille les plus re-

commandables, et peu parmi ceux qui se livrent à des absences journalières.

Les femmes sont exclues de toutes les réunions où l'on s'occupe d'intérêts publics ;
elles ne peuvent entrer au palais de la vallée
toutes les fois que le conseil souverain y est assemblé, ni assister aux messes qui se célèbrent
au palais, aux fêtes qu'on y donne lors de la
réception de l'évêque ou du viguier.

Les délits et surtout les crimes sont fort
rares dans ce pays, et en général plutôt commis
par des étrangers que par des naturels. Les
affaires correctionnelles provenant de quelques rixes sont les plus communes; il y a aussi
peu d'affaires au civil: beaucoup de différends
sont portés devant deux vieillards pris pour
arbitres, et qui eux-mêmes choisissent un tiers
arbitre s'il le faut. Quoiqu'on ne passe aucune
transaction pour ces sortes d'arbitrages, jamais
on n'a appelé d'une décision rendue de cette
manière. Le plus grand nombre d'affaires
portées devant le baile sont des demandes de
dettes.

C'est ici le cas de dire que les procès de
famille, relativement à la succession pater-

nelle, sont inconnus en Andorre; du reste, lorsque les successions ne sont pas réglées par la constitution de Catalogne, alors l'héritier ou héritière légalement désigné a le tiers des biens liquidés, dont la plupart sont grevés par des fondations pieuses dont les héritiers demeurent chargés, et le reste se divise en parts égales entre les successibles, de sorte que les légitimaires ont très peu de chose, ainsi que nous l'avons dit plus haut; et s'ils ne se marient, il est rare qu'ils quittent la maison paternelle. Depuis l'indépendance de l'Andorre jusqu'à ce jour, on ne compte que deux légitimaires qui aient demandé juridiquement leurs portions de patrimoine pour en jouir à part. En général, si un légitimaire, soit garçon ou fille, trouve à faire une alliance convenable, l'aîné, s'il le faut, lui donne plus que sa portion pour l'aider dans le mariage désiré; c'est ce qui entretient la bonne harmonie dans les familles, et toujours cette portion de patrimoine est payée en argent, afin de conserver les biens intacts autant que possible. Le frère aîné ou l'héritier remplit dans cette circonstance les devoirs d'un père à l'égard de ses frères ou sœurs.

Nous pourrions citer quelques faits qui donneraient une haute idée des mœurs de ce peuple, tels que ceux que l'on retrouve dans l'histoire d'*Anton* et de *Maria*. Anton, fils cadet d'une principale maison d'Andorre, était doué par la nature de tous les avantages extérieurs; une aptitude d'idées et un juste jugemen' ui donnèrent aussitôt de l'influence sur ses concitoyens. N'étant pas chef de famille, toute son instruction se bornait à savoir lire et écrire; mais les lectures lui suffirent pour apprendre à parler et écrire passablement les langues *française et castillane*.

Maria, héritière d'une maison riche, joignait à une beauté régulière toute la douceur et la modestie d'une âme tendre et vertueuse. Jusqu'à l'âge de quinze ans, elle ignora qu'elle était belle. A cette époque, la fête patronale eut lieu : c'était le jour de la Pentecôte où elle vit *Anton* présider les danses, d'ordre et de la permission de tous les jeunes gens. Ce jour-là ces deux jeunes cœurs envièrent aussitôt le titre d'*hymen*. Ce ne fut que dix ans après, à la suite de grandes contrariétés de la part du père de Maria, qu'on obtint l'assentiment de ce dernier, ainsi que nous le verrons par la suite.

Pour ne point multiplier les écritures, je relaterai seulement les faits honorables d'Anton qui contribuèrent en partie à son union avec *Maria*.

En 1794, lá France et l'Espagne étaient en guerre; la Cerdagne espagnole était occupée par un corps de troupes françaises, commandées par le général Charlet, qui résidait à Puycerda, dans la maison de don d'*Escailla*, sur la place publique. Il voulut se porter sur la Seu d'Urgel; et, pour faciliter la prise de ce fort, il forma le projet de faire passer des troupes par l'Andorre *. Les Andorrans, prevenus à temps, furent justement alarmés. Leur conseil se réunit de suite, et il fut décidé qu'on enverrait deux membres en députation au général Charlet pour lui représenter les droits de la vallée. Déjà *Anton* était avantageusement connu dans le pays; il avait sou-

---

* A cette époque, je remplissais les fonctions de secrétaire du général, de temps à autre, à titre d'interprète, et ce avec la permission de mon capitaine *Basset*.

vent terminé des différends; il pouvait se faire entendre en français, et il fut décidé qu'il accompagnerait les deux membres du conseil chargés de cette mission : honneur extraordinaire pour un fils cadet de famille. Le conseil déclara qu'il resterait assemblé jusqu'au retour de la députation.

Anton et les autres envoyés rencontrèrent à peu de distance des frontières un commandant français, nommé Fabre, avec l'avant-garde du corps qui devait entrer en Andorre par le *col de la Llose* et *par Saldeu*. Anton fit part de leur mission et obtint de ce commandant qu'il ne dépasserait pas le hameau qu'habitait sa famille, et qui était le premier qu'il devait trouver sur la route. Fabre et ses soldats furent reçus dans la maison d'*Anton;* celui-ci continua sa route sur Puycerda, où étant arrivé et présenté au général Charlet avec les deux membres du conseil souverain, il plaida la cause de la neutralité d'Andorre avec tant de raison et de force que, contre toute probabilité, il obtint du général Charlet la révocation de l'ordre d'entrer en Andorre. Le général reçut avec distinction la députation et lui offrit à dîner *....... Anton et les deux membres, après avoir obtenu ce qu'ils demandaient, repartirent aussitôt pour l'Andorre. La nouvelle du succès se répandit bientôt; et, arrivés au palais où le conseil souverain était en permanence, les deux membres députés se plurent à attribuer toute la gloire du succès à *Anton*. Celui-ci rendit compte de la mission avec sa modestie ordinaire. Tous les vieillards l'embrassèrent en le nommant le sauveur du pays et le défenseur de ses droits. Le père de *Maria*, membre du conseil, exalta comme les autres collègues le mérite d'*Anton*. Ah! de tous les suffrages, c'était celui qu'il désirait le plus. Séduit par l'éloge qu'il en recevait, impatient de savoir si l'espérance dont il se flattait était fondée, il s'approcha de lui : — O mon père, lui dit-il, je serais le plus heureux des hommes si, en venant de remplir mon devoir, j'ai pu acquérir votre estime et votre amitié. Oui, lui répondit

---

* Ces détails sont tous historiques, et on peut les trouver dans la correspondance du général Charlet, déposée au ministère de la guerre.

le vieillard *entêté*, comme citoyen, vous avez acquis des droits à ma reconnaissance et à mon estime; mais mon amitié ne sera jamais à vous.—Cette réponse replongea *Anton* dans ses malheurs. En vain, au sortir du palais, le peuple lui témoigna sa reconnaissance et sa joie : Anton se déroba à ces démonstrations si flatteuses; il revint chez lui, et n'ayant plus l'espoir de fléchir le père de Maria, sa santé s'altéra peu à peu, une sombre mélancolie remplaça la douce gaîté qui était le fond de son caractère, ses yeux perdaient leur vivacité, sa démarche était lente et négligée, tout son extérieur annonçait la tristesse profonde de son âme.

Le frère d'Anton devinait tout ce qui se passait dans le cœur de celui-ci, et s'il n'eût craint d'augmenter son affliction, il aurait éclaté contre le père de *Maria*.

Anton ne trouvait un peu de calme qu'en se rapprochant des lieux que *Maria* habitait. Anton avait un chien fidèle, qui avait été souvent témoin de ses larmes; il quittait son maître, d'une course rapide allait recevoir les caresses de *Maria*, et revenait plus vite les rapporter à son maître, qui le baisait et le remerciait d'être son interprète muet.

Si nos philosophes admettaient des idées innées chez les bêtes brutes, ils en trouveraient une semi-preuve dans les courses du chien d'Anton. Cette fidélité, dont rien n'approche, n'est considérée que comme un instinct dont la nature l'a doué.

Le frère aîné d'Anton eut le malheur de perdre son épouse, à la suite d'une longue et douloureuse maladie. Anton ne quitta plus son frère; il chercha à le consoler et à unir ses chagrins aux siens.

Un an après la perte de son épouse, le frère aîné d'Anton se rendit à son insu chez le père de Maria; il trouva la famille réunie. Son arrivée causa une grande surprise.

Je viens, dit-il, non pas vous reprocher votre injustice envers mon frère, mais vous donner le moyen de la réparer ou d'y mettre le comble. J'aurais peut-être renoncé à un nouveau mariage; mais l'espoir d'assurer le bonheur de mon frère m'en a donné l'idée: les vertus et les grâces de votre seconde fille ont *enlevé ma détermination*. Je viens, si j'ai

le bonheur de lui plaire, vous la demander
en mariage, et vous renouveler la demande de
Maria pour mon frère *Anton*. Maria et sa
mère, sentant tout l'avantage et la délicatesse
de cette demande, se jettent aux pieds du
père qui, lui-même ému de cette proposition,
consentit volontiers à ce double mariage.

On consulta la sœur de Maria, qui parut
aussi contente que sa sœur de cet arrangement; et, peu de temps après, cette double
union eut lieu, à la grande satisfaction des
deux familles.

Son Gouvernement.

Toutes fonctions publiques sont seulement
honorifiques et sans émoluments. Nul ne peut
les exercer s'il n'est natif d'Andorre et fils d'un
Andorran.

La province est gouvernée par une réunion
de vingt-quatre individus, appelés conseil général et souverain. Les vingt-quatre membres
de ce conseil sont douze consuls qui étaient
en fonctions l'année précédente : ces derniers
s'appellent conseillers. Ils se divisent en trois

chambres ou sections : la première de six, un de chaque paroisse; la seconde de douze, deux de chaque paroisse, et la troisième de tout le conseil.

Le syndic peut réunir la première et la seconde chambre, selon l'importance de l'affaire.

Le conseil souverain se réunit dans toutes les circonstances où il survient des affaires extraordinaires; mais particulièrement il tient cinq séances annuelles, le jour de Noël, de Pâques, de la Pentecôte, de la Toussaint et de la Saint-André. Dans ces réunions solennelles, le conseil souverain, avant de s'occuper d'affaires, entend la messe dans la chapelle du palais ou maison de ville de la *vallée*, où nul autre n'est admis.

Avant le premier de l'an, époque où l'assemblée de la Noël doit être terminée, les six paroisses présentent chacune des candidats pour les nouveaux consuls, pris toujours parmi les chefs des familles notables. Le conseil souverain en choisit deux pour chaque paroisse. La nomination faite, elle leur est notifiée sans délai, et le premier janvier, après une messe solennelle, on les proclame consuls pour un an (terme de rigueur pour cette place); on les introduit ensuite dans le conseil, dont ils deviennent membres avec les douze conseillers. Les douze consuls de l'année précédente quittent leurs charges; mais dans la réunion du conseil à la Pentecôte, ces mêmes douze consuls sont rappelés et installés membres du conseil souverain, sous le titre de conseillers; et les douze conseillers de l'année précédente cessent toutes leurs fonctions. Les chefs de familles notables n'étant pas très nombreux dans un si petit pays, ces charges se trouvent constamment entre les mains d'un petit nombre d'individus, qui, après avoir passé un, deux ou trois ans sans fonctions, sont réélus nécessairement.

Son Administration.

Le conseil souverain, ainsi formé, comme nous l'avons dit, nomme parmi ses anciens membres le syndic procureur général de la vallée d'Andorre. Cette place est à vie, à moins de démission ou de destitution. Il est président-né du conseil. C'est lui qui le convoque dans les occasions extraordinaires; il fait les propositions qu'il croit utiles, et sur lesquelles le conseil délibère.

Dans les réunions annuelles, le syndic rend compte de sa gestion, et propose les divers objets de délibération. Chaque membre peut encore faire part de ce qu'il croit utile au pays. Tout se décide à la pluralité des voix.

Le syndic demeure chargé de l'exécution, et on peut dire qu'il a le pouvoir exécutif, sous la condition de rendre compte au conseil souverain. C'est à lui que s'adressent les étrangers qui ont des affaires publiques avec l'Andorre, ainsi que les autorités des pays voisins qui peuvent avoir des réclamations à faire.

Le syndic a un adjoint en second qui le remplace dans le cas de maladie ou absence et empêchement. Le conseil peut déférer une partie des pouvoirs. (Voir le règlement qui existe dans les archives.)

Le syndic délivre des passeports aux Andorrans qui veulent voyager chez l'étranger.

Le principe du gouvernement d'Andorre est de recevoir tout étranger. Mais, sur la demande des autorités françaises ou espagnoles, il fait sortir de son territoire tout individu réfugié qui est dans le cas de l'extradition. Tout criminel, sur la présentation d'un mandat d'arrêt délivré par les susdites autorités ou jugement déjà intervenu contre lui, on l'arrête et on le livre à qui de droit. Un fait de cette gravité s'est passé dans le canton de Saillagouse (France) en 1838. Un cordonnier de Porté avait tué avec un coup de *tranchet* le fils d'une honnête famille de Porté, surnommé *Bernola*, et, sur les démarches d'un proche parent du défunt, la justice d'Andorre en permit l'extradition, et fut remis à la gendarmerie de la Tour de Carol. La cour des assises de Perpignan condamna l'assassin à vingt années de travaux forcés.

Ainsi, d'après les invitations des autorités françaises, ils ne souffrent aucun déserteur dans leur pays. En effet, en 1821, plusieurs Espagnols que la révolution avait forcés de se réfugier en Andorre, ont été obligés de passer en France, à cause des réclamations expresses des autorités espagnoles. De condamnés français ont été aussi arrêtés, sur un avis de M. le préfet de l'Ariége, et livrés à la frontière entre les mains de la gendarmerie. Ainsi le gouvernement, sage et prudent dans ses relations extérieures comme dans son extérieur, a toujours conservé une parfaite neutralité.

Outre le gouvernement supérieur, le conseil connaît, lui seul, des servitudes rustiques et urbaines des communaux, bois, eaux, pêches, chasse, chemins, poids et mesures, taxe des comestibles, et prohibe la sortie des grains, etc.

Les consuls nommés, ainsi que nous l'avons vu ci-dessus, sont installés dans leurs paroisses le jour du premier de l'an. Ils sont au nombre de deux, premier et second. Ils administrent leur paroisse; ils y font exécuter les arrêts du conseil souverain, les ordres du syndic et des viguiers, en ce qui concerne la justice, comme nous le verrons ci-après. Ils sont de droit, ainsi que nous l'avons dit, membres du conseil souverain.

Titres des Autorités.

Le conseil souverain est qualifié d'illustrissime par les Andorrans, ainsi que dans les rapports par écrit qu'il peut avoir avec les étrangers. Le syndic et le viguier reçoivent également le titre d'illustres dans tous les rapports qu'on a avec eux, soit verbalement, soit par écrit, pour objet de leurs fonctions. Ils sont obligés de prendre le titre, dans tous les actes publics émanant de leur autorité, et de se le donner mutuellement dans l'exercice de leurs fonctions. Le baile ou juge civil, dans les requêtes qu'on lui adresse, prend le titre *d'honorable.*

Les Finances.

Les pacages et bois sur les montagnes sont une propriété bien précieuse pour l'Andorre. Outre que ces montagnes permettent d'élever une grande quantité de bestiaux, c'est encore une branche du revenu public.

Les pacages et bois sont divisés en portions communales et publiques. Les communaux sont distribués en quatre portions, appelées *quarts.* Chaque quart est affecté à une ou deux paroisses, suivant la population. Chacune a sa part distincte et séparée, afin d'éviter les contestations entre voisins. Pour l'ordre et la police de cette propriété, il y a un magistrat attaché à chaque quart, qu'on nomme commissaire du quart.

Les pacages publics sont une partie réservée et la plus voisine de l'Espagne, que les autorités afferment tous les ans pour les troupeaux de l'Urgel, qui, dans l'été, quittent leur sol brûlant pour venir dans ces pâturages frais, où ils demeurent jusqu'au mois d'octobre. C'est la seule branche du revenu assuré que possède l'Andorre. En outre, chaque paroisse s'impose une somme relative au besoin de l'année.

Cette imposition se compose d'une personnelle dont le taux est très modique, et d'une taxe sur le revenu présumé des terres qu'on possède et sur le nombre des bestiaux qu'on nourrit; mais ces taxes sont toujours modiques. Les consuls en font le recouvrement et en remettent le montant au syndic. Tous les bois de l'Andorre sont communaux. Aucun habitant n'en possède en propriété, et chaque paroisse a sa partie fixée et ne peut aller en prendre dans une autre. Ces bois étant plus que suffisants, chacun vend l'excédant de la consommation aux propriétaires des forges établies dans le pays. Les fonds provenant des ces ventes sont mis en réserve pour les dépenses extraordinaires de la paroisse et de la vallée, telles que les réparations des églises, des maisons communes, le traitement du vicaire, et les frais des commissaires envoyés en France ou en Espagne pour réclamations à faire et priviléges à maintenir.

Le syndic reçoit le montant de tous ces produits. Il paie avant tout la redevance à la France et à l'évêque d'Urgel, et toutes les dépenses arrêtées par le conseil souverain. Le surplus des revenus sert aux frais d'administration, à l'entretien du palais de la vallée, au salaire du concierge, aux repas d'*apparat* que les différentes réunions du conseil nécessitent, à l'entretien des prisons, etc.

Le syndic rend compte au conseil général des dépenses ordinaires et extraordinaires faites des fonds publics perçus. Ce compte est arrêté tous les ans. D'après cet aperçu, on voit que les terres ne paient d'autre impôt que la dîme au clergé, comme il a été dit à l'article religion.

Travaux publics.

Le seul des travaux publics dont il nous

reste à parler est celui des chemins. Chaque communauté est obligée à l'entretien de ceux qui se trouvent sur son territoire. Si elle le néglige, le syndic en prévient les consuls, ceux-ci font faire les réparations nécessaires, en commandant un homme par maison et répétant ce commandement jusqu'à ce que la réparation soit terminée. Nul n'est exempt de ces travaux, pas même les consuls et syndic. S'il y a des ouvrages à faire qui exigent des ouvriers à gages et d'achat des matériaux, les communes en sont également chargées, et, dans ce cas, les sommes nécessaires sont prises sur les fonds extraordinaires dont nous avons parlé ci-dessus.

Ses Tribunaux.

Toute justice émane du roi de France et de l'évêque d'Urgel. Ces droits n'ont jamais été contestés. La manière de rendre la justice, le nom et le pouvoir des magistrats nommés à cet effet sont encore tels que le régla Louis le Débonnaire. On ne trouve du moins aucune trace de changement; et l'organisation peu compliquée des tribunaux, les formes simples que l'on suit, et le pouvoir des magistrats semblent donner de la certitude à cette opinion généralement reçue dans l'Andorre et pays voisins. On est convaincu que la charge du viguier remonte à l'époque de l'indépendance de cette vallée.

Ses Viguiers.

Pour l'administration de la justice, le roi de France et l'évêque d'Urgel nomment chacun un magistrat supérieur appelé viguier, avec la différence que le roi choisit toujours un français et l'évêque d'Urgel ne peut le prendre que dans un sujet Andorran, et peut le révoquer au bout de trois ans. Celui de France est, au contraire, à vie; du moins il n'y a pas d'exemple qu'un viguier français ait cessé ses fonctions tant que son âge lui a permis de les exercer, et dans le cas très rare d'empêchement physique, il a donné sa démission.

Le nom et titre de viguier annonce l'ancienneté de ses fonctions. Dans plusieurs provinces de la monarchie française, avant 1789, les magistrats supérieurs étaient ainsi nommés. En 1138, Alphonse, comte de Toulouse, fait mention de ces viguiers. Ces magistrats portent indifféremment le nom de viguiers, de princes, vicaires, lieutenants ou capitaines généraux. Comme nous l'avons dit, ils reçoivent et prennent dans tous les actes publics le titre d'illustres. Leur costume a varié avec le temps. Jadis ils portaient, en rendant la justice, le manteau de velours noir, le chapeau à plumes. Plus tard, un habit noir de drap ou de velours y fut substitué, et dans ce dernier temps, la France a assigné à son viguier un uniforme noir, que nous ferons connaître.

Le viguier andorran porte aussi un habit noir qui lui est particulier. Sous tous ces différents costumes, les viguiers portent l'épée, qui est leur marque distinctive. Ils sont obligés de la porter en rendant la justice, et ils ont ce droit dans le conseil souverain et dans toutes les réunions publiques où ils ont des fonctions à exercer. Aucune autorité du pays ne peut mettre cette arme. C'est le signe reconnu de l'autorité supérieure de la justice dans tout ce qui concerne la juridiction criminelle et correctionnelle.

Pour rendre la justice civile, les viguiers

nommés par le roi de France et par l'évêque d'Urgel, nomment chacun un baile ou juge des causes civiles. La nomination de ces bailes est le premier acte d'autorité que font les viguiers aussitôt après leur installation. Le baile nommé par les prédécesseurs cesse ses fonctions, et sur une liste de six candidats membres du conseil souverain présenté au nouveau viguier par le syndic, celui-ci nomme son baile dans la forme et pour le temps dans le brevet que nous verrons plus bas.

Les viguiers sont chefs de la force armée, et ont dans leurs attributions la haute police; ils ont droit d'entrer au conseil souverain dans toutes les délibérations; mais ils n'ont pas voix délibérative dans tout ce qui est administration locale. Les viguiers ne reçoivent aucun émolument ni de leur souverain ni du pays d'Andorre.

Justice correctionnelle.

Lorsqu'un Andorran se rend coupable d'une action qui mérite une punition quelconque, le délinquant est arrêté à la requête et par ordre du viguier. Si le prévenu est déjà au pouvoir d'une autre autorité, celle-ci doit en donner avis au viguier. Le prévenu est enfermé dans les prisons de la ville d'Andorre et confié à une garde d'habitants ordonnée par le viguier. L'accusé est immédiatement interrogé par le viguier présent, lequel a le pouvoir de faire comparaître tout individu dont le témoignage peut éclairer sa conscience.

Le viguier d'Andorre donne aussitôt avis à son collègue, en lui faisant part de la gravité présumée de la faute. Si on la juge à n'être punie que correctionnellement, le viguier de France peut se dispenser de se rendre, parce que dans les punitions de cette nature le jugement d'un viguier seul est légal et suffit. Il serait cependant dans l'ordre des choses que tous les deux pussent y coopérer. Un viguier français, jaloux de remplir ses devoirs, ne doit s'en dispenser que pour des motifs graves: il ne devrait pas y avoir de jugement auquel le nom du roi fût étranger. Mais la multiplicité de ces jugements, l'exécution prompte qu'ils nécessitent, et l'empêchement physique que le viguier français peut éprouver dans la saison rigoureuse de l'hiver, ont sans doute fait établir l'usage qu'un seul les rendit en l'absence de l'autre. Mais le viguier nommé par l'évêque d'Urgel étant toujours un Andorran, ainsi que nous l'avons dit plus haut, il n'y a jamais interruption de justice. Quoi qu'il en soit, le viguier résidant en Andorre commence les éléments de la procédure contre l'accusé. Il appelle les témoignages qu'il croit utiles; il défère à sa volonté le serment aux accusés (il est en opposition avec la législation française) et aux témoins (ceci est d'ordre public dans toutes les législations), et il n'est obligé d'ajouter à ces témoignages que la foi que la moralité des témoins lui inspire. Il est assisté dans les jugements par le notaire *de la vallée,* qui remplit les fonctions de greffier, et l'accusé peut aussi se faire défendre par un notaire ou avocat.

Lorsque le viguier se trouve assez instruit, il prononce le jugement dans tout ce qui n'est que correctionnel, condamne le coupable à la prison et à un cautionnement calculé sur la gravité du délit, et fixe la durée de la détention. Le condamné devient libre après avoir subi la durée de sa détention, en donnant une caution pour la somme à laquelle il a été condamné; s'il ne trouvait pas de caution, ce qui est très rare, il rentrerait en prison pour le temps que le viguier jugerait à propos.

Toutes les personnes qui ont subi un jugement correctionnel sont ensuite appelées cautionnées; elles sont particulièrement sous la surveillance des viguiers, et obligées de se représenter à toutes leurs réquisitions; elles ne sont libérées qu'à la tenue de la haute cour de justice, ainsi que nous le verrons ci-après.

Justice criminelle.

Lorsqu'un crime est commis, la première autorité qui en a connaissance en donne avis au viguier présent, et prend les moyens qui sont de son ressort pour faire arrêter sans délai le prévenu. Le viguier prend aussi toutes les mesures qu'il juge convenables, et met, s'il le faut, tout le pays en armes et en mouvement pour l'arrêter.

Le criminel conduit en prison y est gardé avec soin. Le viguier présent commence les interrogations, aidé et assisté du notaire-secrétaire de la vallée, et en donne avis sur-le-champ au viguier français. Celui-ci doit se rendre immédiatement ; mais, au cas d'empêchement momentané, il peut demander le retard de la procédure. Arrivé en Andorre, et réuni à son collègue, il prend connaissance de l'affaire. Ils continuent ensemble les informations, et lorsqu'ils jugent que le crime peut entraîner une peine afflictive, ils donnent avis au syndic du jour où la cour doit se réunir et se constituer.

Le syndic convoque pour le jour fixé le conseil général, qui se réunit au palais de la vallée, à la salle des séances solennelles.

Les viguiers dans leur costume sont introduits par quatre membres du conseil souverain, ainsi que le juge d'appel mandé pour cette circonstance. Une messe du Saint-Esprit est célébrée dans la chapelle du palais. Après la messe, le conseil général souverain nomme deux de ses membres pour être présents aux opérations de la cour, et, pour ainsi dire, surveiller le maintien des formes et usages du pays : après quoi le conseil se sépare et la cour se trouve constituée.

La cour se compose des deux viguiers, du

juge d'appel des causes civiles, dont nous connaîtrons plus loin les fonctions. Le juge est toujours avocat, et en son absence, les viguiers choisissent un avocat du pays ou étranger. Le juge ou avocat siège en qualité d'assesseur; de plus, le notaire greffier de la vallée, et deux membres du conseil général nommés à cet effet. Un huissier est toujours présent pour exécuter les ordres de la cour.

Le viguier de France préside cette cour souveraine, qui a les pouvoirs les plus étendus pour faire comparaître tout individu, et suivre partout les traces du crime. La cour reçoit avec serment ou sans serment tous les témoignages qu'elle croit utiles à former sa conviction; l'accusé a un notaire ou toute autre personne qu'il a désirée pour l'aider dans sa défense : il peut faire entendre des témoins à décharge. On appelle vulgairement l'avocat de l'accusé rahonador ou parleur.

Toute la cour, pendant sa tenue, est aux frais des cautionnés, ainsi que nous le verrons plus tard. Ses séances ont lieu dans une des salles du palais de la vallée, et d'ordinaire elle prend ses repas dans le palais. On appelle les cessions en Andorre la tenue des causes.

Toute autre justice est suspendue pendant la tenue des cours. Les juges civils ne peuvent rendre aucun jugement. Les bailes et les consuls ne quittent pas à cette époque leur domicile, afin d'être toujours prêts à faire exécuter les ordres de la cour. Lorsque la procédure est terminée, les viguiers ont seuls voix délibérative pour rendre le jugement; le juge d'appel ou avocat assesseur énonce cependant son avis comme renseignement; et dans le cas où les viguiers ne soient pas d'accord, ils invitent l'assesseur d'émettre son opinion, qui devient alors voix délibérative et fait pencher la balance.

Les viguiers ne sont astreints à aucune règle dans le prononcé du jugement : ils jugent selon leur conviction, comme les *jurés en France répondent aux questions qui leur sont soumises.* Nous dirons, sans perdre de vue l'objet que nous traitons, que tantôt les questions sont posées de manière à établir la culpabilité et tantôt l'alibi. Le plus souvent l'opinion de l'accusé a prévalu dans les procédures, surtout dans celles qui intéressent le gouvernement, ce qui est un vice que le législateur n'a pu encore faire disparaître. Nos jurés se tiennent en quelque sorte dans la dépendance de la cour. Le président et le procureur du roi les dominent, les influent et semblent leur dicter des lois. Tantôt ils les brusquent sur des questions adressées aux témoins ou à l'accusé, tantôt ils paraissent improuver leur déclaration, d'autres fois même ils leurs parlent d'une manière dure et désobligeante. Mais, il faut dire aussi, quelquefois il se trouve des hommes énergiques qui sentent la dignité de leurs fonctions et ne souffrent pas qu'on y porte atteinte. *J'ai connu un simple négociant qui, sans autre guide que son bon sens, vengea sévèrement la déclaration d'un juri dont il faisait partie contre les haussements d'épaule d'un président.*

On peut donc recommander aux jurés français comme aux jurés anglais, qui nous ont servi de modèle, les règles de conduite tracées par *sir Richard Phillips*, que nos législateurs n'ont pas incriminées, disant : « que les juges

» ne sont que les aides ou les assistants légiti-
» mes du juri; que le juri tient le premier
» rang, et que les juges ne tiennent que le
» second; que les jurés, dans tous les cas,
» doivent se conduire avec respect, mais qu'ils
» ne doivent jamais sacrifier la dignité et les
» prérogatives de leurs fonctions à des consi-
» dérations personnelles; qu'il est contraire à
« leurs devoirs de suivre plutôt la direction
» donnée par la cour que la direction de leur
» conscience et de leur conviction personnelle;
» que si on leur dit que leur verdict n'est pas
» convenable, ils doivent répondre qu'il est
» inconvenant et inconstitutionnel de le leur
» dire, etc. »

Ces principes sages et pleins de modération doivent trouver place dans notre législation progressive: c'est ce qui nous autorise à reproduire les méditations de M. *Legraverend* sur cette matière. Le jurisconsulte trouve dans la liste des électeurs le moyen terme qui peut concilier tous les intérêts. Il propose donc:

« que tous les électeurs sachant lire et écrire,
» âgés de trente ans accomplis et de moins de
» soixante-dix, soient appelés au service de

» jurés; qu'ils y soient partout où le nombre
» des électeurs domiciliés est suffisant, et
» qu'ailleurs ils le soient concurremment avec
» les contribuables domiciliés qui sont immé-
» diatement après eux les plus forts imposés. »

Quoique le cens des électeurs et des jurés soit en harmonie, néanmoins cette belle institution nécessite une réforme, en admettant par principe, 1° que la liste générale sera formée par le préfet sur celle des électeurs et rendue publique, afin que chaque citoyen puisse faire ses réclamations s'il le juge convenable. *Surtout point de jury spécial*: l'expérience faite a été trop malheureuse. 2° Que la liste générale arrêtée, il faut que le sort seul en tire les listes particulières. Autrement, pas de sécurité, comme le disait fort bien le rapporteur du comité de législation à l'assemblée constituante. » Tous ceux qui croient qu'on
» peut appeler jurés des gens qui ne sont pas
» pris au hasard et qui seraient connus à l'a-
» vance, n'ont aucune idée des juris et de
» leurs avantages. » 3° Que le tirage au sort pour la formation des listes sera public et se fera en présence des principaux magistrats de

l'ordre administratif et de l'ordre judiciaire.
4° Enfin que le tirage au sort pour former le juri de jugement aura lieu à l'audience, en présence de l'accusé, du conseil et du public. Ce dernier paragraphe est omis; cependant il est essentiel, une fois que les débats sont publics.

Forcé par l'espace de borner ici l'analyse des dissertations, nous renvoyons le lecteur au plan général offert par différents jurisconsultes, qu'on trouvera en long dans le premier volume de la *Thémis*, pag. 209 et suiv.

Nous reprenons donc le paragraphe sur les jugements à rendre par les viguiers d'Andorre en matière criminelle. Les témoins ne servent qu'à éclairer leur conscience. Leur nombre et leurs dires ne peuvent influer que sur la conviction des viguiers, qui établissent la peine selon leur bon sens et en leur âme et conscience, car il n'y a pas de lois pénales écrites. C'est là où nous trouvons un premier vice dans la législation criminelle, parce que les viguiers investis d'un pouvoir absolu pourraient se laisser fléchir, et par considération rendre à la société des hommes d'une immoralité reconnue. Une loi écrite serait donc nécessaire pour l'application de la peine.

Le jugement rendu, c'est l'assesseur qui le rédige, soit qu'il y ait coopéré ou que les viguiers seuls l'aient prononcée. Alors la cour donne avis au syndic que ses opérations sont terminées; celui-ci réunit de nouveau le conseil, et lit en sa présence et sur la place publique, dans laquelle la cour se rend au milieu du conseil général, que le jugement est prononcé. S'il y a peine capitale, l'exécution se fait aussi sur la place publique de la ville d'Andorre, et on fait venir indifféremment un exécuteur des points les plus rapprochés où il s'en trouve, soit en France soit en Espagne, afin que les frais de son voyage soient moins dispendieux.

Si le coupable est condamné aux galères, on l'envoyait autrefois aux bagnes de *Gibraltar*, *Mahon* ou de Sardaigne; aujourd'hui il est d'usage de l'envoyer dans les bagnes du royaume d'Espagne. La cour pourrait également l'envoyer aux bagnes de France.

Les jugements de la cour ne sont sujets à aucun appel ni révision : ils sont exécutés vingt-quatre heures après. On suit dans la procédure et la rédaction des pièces les formes et usages établis de temps immémorial. S'il y a incertitude, on consulte les deux membres du conseil général, et au besoin les archives de la vallée. Lorsque la sentence est exécutée, le conseil général se réunit encore, et la tenue des causes est clause avec pompe.

Fonds affectés aux procédures criminelles.

La vallée ne fournit point aux frais des procédures criminelles. Les viguiers se procurent les fonds nécessaires, en faisant comparaître, lorsqu'il y a une affaire criminelle, tous ceux qui ont été condamnés correctionnellement, dans l'espace qui s'est écoulé depuis la dernière tenue des causes. Les viguiers calculent le total des amendes dues par les cautionnés ; ils calculent également par approximation ce que la procédure pendante doit coûter, et ils obligent les cautionnés à payer au marc le franc de leurs condamnations la somme présumée nécessaire. Si quelqu'un refusait de payer sa cote, ce qui arrive rarement, il serait emprisonné, à la requête des viguiers, jusqu'à ce qu'il ait payé sa part ou qu'on l'ait exproprié.

Moyennant le paiement de la somme affectée à chacun des cautionnés, ils ont mainlevée des amendes auxquelles ils avaient été condamnés. Alors finit la surveillance des viguiers. Ainsi chaque affaire criminelle rend les individus à leur liberté entière et à leur état naturel. S'il arrive qu'il reste des fonds de ceux faits pour la procédure, le viguier de l'évêque d'Urgel les garde, à raison de sa présence en Andorre; si, au contraire, ces fonds ne sont pas suffisants par suite de la procédure, alors *messieurs* les viguiers doivent eux-mêmes fournir au déficit.

Les prisonniers criminels sont nourris des fonds de la province, et ceux qui sont du ressort de la justice correctionnelle s'entretiennent à leurs frais; et s'ils sont sans aucun moyen, sur un certificat d'indigence, la vallée doit pourvoir à leur nourriture.

Bailes ou juges des causes civiles.

Comme nous l'avons déjà dit, ce sont les viguiers qui nomment chacun un baile ou juge civil. Ces magistrats sont renouvelés chaque trois ans, et nommés sur une liste de six candidats remise au viguier par le conseil souverain. Les six candidats sont le plus souvent membres du conseil général et toujours chefs de famille, des plus instruits et des plus considérés du pays. Cette charge, comme toutes les autres, est sans émoluments.

Nous transcrivons ici le titre que le viguier leur expédie pour leurs nominations. La rédaction, qui est toujours la même depuis un temps immémorial, nous a paru prouver l'ancienneté de cette charge.

Titre ou brevet du baile.

« Nous l'illustre   de la ville de   ,
» royaume de France, par la volonté de S. M.
» Très-Chrétienne (que Dieu conserve), co-
» prince et seigneur des vallées d'Andorre,
» viguier des mêmes vallées ;
   » Ayant vu la liste des six candidats qui
» m'ont été présentés par l'illustre conseil
» général desdites vallées d'Andorre, le jour
»   du mois d   , ainsi qu'il est
» d'usage pour la nomination des bailes ;

» Considérant les qualités et lumières de
» vous   de la paroisse de   dans
» lesdites vallées, par le présent diplôme qui
» est dans les formes requises, nous vous nom-
» mons et vous désignons pour baile desdites
» vallées et pour l'espace de trois ans, en vous
» accordant tous les pouvoirs, facultés et ju-
» ridictions que vos prédécesseurs ont tenus et
» exercés en faveur de notre nomination, et
» représentant pour les causes civiles notre
» personne; nous invitons l'illustre conseil gé-
» néral, et ordonnons aux autres sujets, ha-
» bitants de la vallée d'Andorre, de vous
» accepter et reconnaître pour notre baile,
» en vous accordant soumission et obéissance,
» sous les peines que nous jugerons à propos
» d'appliquer, suivant la contravention au
» présent.

» Nous vous prévenons de prêter le serment,
» de rendre bonne et loyale administration
» de la justice, et vous promettrez que vous
» ne ferez rien qui puisse attaquer les privi-
» léges, usages, habitudes et mœurs établis
» dans les présentes vallées, le tout conformé-
» ment à la justice.

» Nous vous délivrons le présent diplôme
» ou brevet, signé de notre main. Fait à
» le   *le viguier signé.* »

Les bailes jugent toutes les causes civiles ou différends qui ne sont pas dans les attributions du conseil général. Chacun peut s'adresser indifféremment au baile nommé par le viguier français. Les bailes sont toujours assistés du notaire greffier de la vallée, qui rédige le jugement et assure le maintien des formes; ils ont aussi un huissier pour instrumenter; ils défèrent à volonté le serment aux parties et aux témoins; ils jugent, comme les viguiers, d'après leur conscience, et n'ont égard aux dépositions des témoins qu'autant qu'elles leur paraissent le mériter.

Si l'objet du procès est considérable, ou s'il y a quelques difficultés qui les embarrassent, ils sont alors dans l'usage de prendre l'avis d'un avocat, ou même de réunir quelques vieillards de la vallée, auxquels le baile soumet les difficultés : on appelle cela prendre l'avis des anciens.

Le baile reçoit le titre d'honorable dans les requêtes qu'on lui adresse. Ses jugements ou autres peines émanant de son autorité sont ainsi intitulés : Celui de France,   nous baile de S. M. Très-Chrétienne, juge premier dans les causes civiles, etc, etc.

Juge d'appel.

On peut appeler de tous les jugements des bailes devant le juge d'appel, unique pour l'Andorre, et nommé alternativement par le roi de France et l'évêque d'Urgel, et pris dans un sujet français ou espagnol. Ce juge est, ainsi que le viguier de France, nommé à vie. A la mort de celui de l'évêque d'Urgel, le roi de France fait cette nomination et ainsi de suite. Il faut avoir le grade d'avocat pour occuper cette place.

Le juge d'appel est sans émoluments fixes. La loi ou la coutume lui donne, et à lui seul, quinze pour cent sur la valeur de l'objet en litige, qu'il prélève avant que la partie qui gagne le procès se mette en possession de l'objet que le jugement lui accorde.

Les formes à suivre pour les appels sont assez simples ; cependant les écritures du notaire greffier de la vallée sont à la charge de la partie. La plupart du temps, le juge d'appel, pouvant juger sans se rendre en Andorre, refuse de s'y transporter, et les parties sont obligées d'aller le trouver. Cette première dépense à faire et les quinze pour cent à prendre sur la valeur de l'objet en litige, arrêtent souvent les plaideurs et empêchent les appels; il y en a fort peu, et généralement on s'en tient au jugement du baile.

Le juge d'appel prend dans les jugements le titre de juge ordinaire et souverain; cependant on peut appeler de ses jugements auprès du roi de France ou de l'évêque d'Urgel, suivant la nomination à laquelle appartient le juge, et dans ce cas très rare, le roi de France, avant 1789, renvoyait l'affaire au parlement de Toulouse, et l'évêque à son conseil ecclésiastique ou même à son viguier.

Le juge d'appel, étant toujours, comme nous l'avons dit, un avocat, soit français soit espagnol, après avoir pris connaissance de la procédure qui lui est soumise, et cherché tous les autres moyens convenables pour s'éclairer, prononce le jugement selon sa conscience, mais en général selon les formes des lois de son pays. Il jouit de beaucoup d'honneur s'il le rend en Andorre; et comme nous l'avons dit, toutes les fois que les cours sont tenues, il est invité par les viguiers à en faire partie comme assesseur, et dans ce cas, c'est lui qui rédige les jugements criminels et y prend même une part active.

Notaire-greffier, procureur de la vallée.

Il n'y a ordinairement que deux notaires dans la vallée, et l'un d'eux est nommé notaire-greffier procureur de la vallée. Cette nomination devrait se faire alternativement par le roi de France et l'évêque d'Urgel. Tels sont les droits anciens; mais depuis longtemps on laisse le choix à l'Andorre, parce que, indépendamment des fonctions de greffier, ce notaire est encore garde des archives, et doit avoir sous ce rapport la confiance du conseil général.

Comme nous l'avons dit, ce notaire dans les affaires criminelles fait les fonctions de greffier et toutes les écritures sous la dictée de l'assesseur; il donne les éclaircissements nécessaires et consulte au besoin les archives.

Dans les jugements civils, il assiste le baile, et est chargéde toutes les écritures préparatoires qui seraient ailleurs du ressort d'un avoué. Comme procureur de la vallée, il veille au maintien des formes. C'est lui qui tient la plume dans les différentes réunions du conseil général; il en dresse les délibérations et procès verbaux, ainsi que de la réception des viguiers. C'est encore lui qui délivre ensuite, au besoin, aux particuliers, copie des papiers publics qui peuvent les intéresser, qui dresse les requêtes qu'ils veulent adresser au conseil général ou au baile pour affaires de justice, et enfin les appels des jugements des bailes.

C'est la seule place lucrative, parce que toutes les écritures se paient par les particuliers qui les réclament, et d'après un tarif fixe.

Actes publics, notaires.

Comme nous l'avons dit, il y a deux notaires en Andorre. Il peut y en avoir un plus grand nombre. On s'adresse, pour les actes, indifféremment au notaire greffier ou à l'autre. Tous les actes sont retenus sur papier sans timbre; il n'en existe pas en Andorre.

On fait souvent dans ce pays-là des transactions verbales et des sous-seings privés : celles qui sont verbales se font devant deux témoins et sont rédigées en actes publics, à la demande d'une partie qui y oblige l'autre en faisant déclarer les témoins sur l'objet de cette transaction. Egalement une des parties peut à volonté faire rédiger une transaction sous seing privé en acte public.

Les substitutions sont fort ordinaires. Beaucoup de testaments et de contrats de mariage sont rédigés dans ce principe, et ces sortes d'actes ne sont jamais attaqués. Le vice de forme qui en fait souvent la nullité dans les autres pays, ne peut exister en Andorre. La signature du notaire et la présence constatée de deux témoins sont des preuves irrécusables. Ces différents actes ne coûtent que les honoraires du notaire; parce qu'il n'y a aucune espèce de droit à payer au gouvernement; et aucune terre de la vallée n'ayant de seigneur, on peut faire toutes les mutations, ventes et achats sans entrave et à peu de frais. Il n'en est pas ainsi en France, parce que les partis, pour se soustraire aux énormes droits de l'enregistrement, se livrent à des actes simulés et frauduleux qui, le plus souvent, les entraînent à des procès ruineux.

Oui, tant que la centralisation existera, et il sera difficile de l'enlever à la grande métropole, nous ne devons pas espérer des diminutions dans les droits de l'enregistrement, mais bien à les voir augmenter, parce que le gouvernement, qui cherche à se consolider en multipliant les administrations et en créant de nouveaux emplois, a besoin d'un fort budget pour satisfaire, tenir en respect et dans l'obéissance ceux qui sont au ratelier de l'état.

Cette vérité peut être mise en avant sans qu'on puisse légalement la contredire.

Les actes civils, en Andorre, sont tenus par les curés de chaque paroisse : (en cela on suit la hiérarchie de notre clergé avant 1789, de laquelle il fut dépouillé par la loi du 20 septembre 1792). Il n'y a pas d'hypothèque dans le pays ; mais lorsqu'un créancier fait exproprier son débiteur, s'il y a d'autres créanciers, ils se présentent pour faire opposition. Si l'on craint que le débiteur doive plus qu'il ne possède, sur la demande d'un créancier, le baile fait afficher publiquement que, dans le délai de trente jours, tous les créanciers se présenteront, sous peine de voir la liste close et d'être déchus de leur créance. Après trente jours, le bien sequestré est délivré aux créanciers qui se sont présentés, et on suit, pour le paiement, l'ordre des créances avec titres reconnus légaux, par rang d'ancienneté; de telle manière que, si les deux premiers créanciers absorbent le bien sequestré, les autres créanciers n'ont rien; au contraire, si le premier créancier qui a poursuivi l'expropriation peut l'obtenir sans opposition des autres créanciers, il obtient paiement, quelque soit son rang; et lorsque les autres se présentent, on ne peut revenir sur ce qui a été fait. Les opérations, du reste, se font avec beaucoup de lenteur. Ce sont toujours les notaires qui font toutes les écritures, car il n'y a pas d'avoué.

Cette procédure, simple, juste et équitable, en même temps peu dispendieuse, est dans l'intérêt des débiteurs et des créanciers. Nous disons des débiteurs, en ce que ses biens ne sont pas absorbés par les frais d'une longue procédure et compliquée. Nous disons des créanciers, en ce que l'économie y présidant, ils ont espoir de retirer une partie de leur créance.

La jurisprudence de la vallée d'Andorre, sur cette matière, diffère de la législation française, qui, tout en adoptant des moyens de sécurité, dans l'intérêt des parties, met à la porte le débiteur de bonne foi, et le plus souvent les créanciers ne retirent point le fruit de leurs tentatives.

Lois écrites.

Il n'y a pas des lois écrites, seulement quelques réglements sur le maintien des formes dans les procès criminels et civils. Comme nous l'avons dit, les viguiers appliquent la peine en leur âme et conscience, après avoir pris tous les moyens possibles pour s'éclairer et former leur conviction.

Les bailes jugent selon leur bon sens; et pour la procédure, ils suivent plus les usages et habitudes que des lois positives.

Les juges d'appel suivent des formes plus régulières, et appliquent aux affaires le droit français ou espagnol, suivant qu'ils appartiennent-à l'un ou à l'autre pays. En général, c'est le cas de dire que l'on met beaucoup de lenteur pour faire payer un étranger à qui il est dû en Andorre. Dans ce cas, on épuise toutes les oppositions que leurs coutumes peuvent permettre; il semble qu'ils veuillent dégoûter les étrangers de prêter aux Andorrans. Par suite de ce principe fondamental, le commerce et les transactions avec les peuples voisins ne peuvent que donner aux Andorrans des goûts incompatibles avec leurs mœurs et leur position.

Force armée.

Tous les habitants sont soldats au besoin. Chaque chef de famille est obligé d'avoir un fusil de calibre et une certaine quantité de poudre et de balles. Dans les principales familles, on peut avoir non-seulement l'arme ordonnée, mais encore d'autres fusils de chasse ou de calibre, et le chef de famille peut se présenter à l'appel avec tous ses enfants ou frères armés.

Les viguiers sont chefs supérieurs de la force

armée. Tous les hommes armés sont à leur ordre et disposition. L'organisation est fort simple. Chaque paroisse a un capitaine et deux sous-officiers appelés *d'année*; ils sont renouvelés tous les ans et nommés par le conseil général, en même temps que les consuls; ils sont ensuite agréés par les viguiers. Tous les ans, dans la semaine après la Pentecôte, il est d'usage que les viguiers passent la revue des différentes paroisses; ils visitent les armes et s'assurent si chaque famille possède la quantité de munitions qu'elle est obligée d'avoir. Cette revue se passe en présence des consuls et souvent des bailes. Les viguiers punissent les contrevenants par un temps de prison dont la durée est à leur gré. Pour passer les revues, les viguiers transmettent leurs ordres aux capitaines, qui tiennent prêts les hommes de leurs paroisses pour le jour et heure indiqués.

Les viguiers peuvent ensemble ou séparément passer des revues partielles. Les capitaines doivent exécuter tous les ordres qui leur sont donnés, et faire mettre le nombre d'hommes qu'ils désirent sous les armes, se mettre à leur tête et se transporter partout où il est jugé nécessaire.

Si le viguier de France avait un empêchement légitime pour passer les revues annuelles, il peut se faire remplacer par son baile.

Nous pensons que l'usage d'avoir mis ainsi dans un état indépendant la force armée sous l'inspection et aux ordres des juges souverains, remonte à une grande antiquité, temps où les armes étaient seulement nécessaires pour l'arrestation des coupables, et l'on donna naturellement la direction et concours de ces hommes au chef de la justice. Ce petit pays s'étant maintenu dans ses mœurs primitives, et les hommes armés n'ayant jamais été nécessaires que pour le maintien du bon ordre et l'arrestation des coupables, ils sont demeurés sous les ordres des viguiers, qui ont été de tous les temps appelés juges du pays. Je dois ajouter que, dans des circonstances pressantes, l'autorité locale s'adresse au capitaine pour avoir des hommes armés à sa disposition, en attendant qu'on puisse demander aux viguiers les ordres nécessaires.

Le service que les Andorrans sont dans le cas de faire est gratuit. Ils ne reçoivent ni argent ni vivres; mais leur service est toujours borné à peu de temps; ils n'ont jamais pris part à aucune des guerres que leurs voisins se sont souvent fait.

Police.

La haute police, comme nous l'avons dit, est du ressort des viguiers, puisque tous les hommes qui ont subi un jugement restent sous leur surveillance immédiate, et que sur présomption ils doivent faire arrêter et mettre en prison et en jugement tous ceux qui auraient commis de nouveaux crimes. La police intérieure, relative aux étrangers qui séjournent ou qui passent en Andorre, est aussi du ressort des bailes et consuls, mais sous la surveillance des viguiers, qui peuvent faire expulser du pays tout étranger qu'ils jugeraient nuisible. Quant aux malfaiteurs, déserteurs, soit de France ou d'Espagne, nous avons déjà vu les mesures sages que l'on suivait à leur égard. La France, sous ce rapport, ne peut jamais craindre le voisinage de ce pays neutre. L'autorité seule du magistrat que le roi nomme suffit pour en expulser tout français qui s'y réfugierait avec de coupables desseins. Il y a peu de temps que, sur l'ordonnance de son Excellence Monseigneur le garde des sceaux, transmise par M. le préfet au viguier, celui-ci a fait arrêter et conduire par vingt Andorrans à la force armée française un condamné par contumace dont le jugement a été confirmé.

Du Viguier français.

Nous avons fait connaître l'ancienneté et les pouvoirs de la charge des viguiers; nous pensons qu'il est utile de faire connaître plus particulièrement celui de France, et les obligations et les droits qui lui sont confiés par le roi. Nous copions ici sa commission, telle qu'elle avait lieu avant la révolution de 1789.

Commission du Viguier.

« Louis, par la grâce de Dieu, roi de
» France et de Navarre, à notre cher et bien-
» aimé le sieur............, salut.

» Etant informé de votre capacité, de votre

» expérience, fidélité et affection à notre ser-
» vice, nous vous avons commis, ordonné et
» établi par les présentes, signées de notre
» main, comme nous vous ordonnons et éta-
» blissons dans la place de notre conseiller,
» viguier de la vallée et souveraineté d'An-
» dorre, en notre comté de Foix, pour l'avoir,
» tenir et dorénavant exercer, en jouir et user
» aux honneurs, autorités, prérogatives, préé-
» minences, priviléges, franchises, libertés,
» exemptions, pouvoirs, fonctions, droits,
» profits, revenus et émoluments y apparte-
» nant et attribués.

» Mandons au juge de la vallée et souve-
» raineté d'Andorre, que lui étant apparu de
» bonne vie, mœurs, âge, religion catholique,
» apostolique et romaine dudit sieur de......., et
» de lui pris le serment requis et accoutumé, il
» le reçoive, mette et institue en possession et
» jouissance de ladite place, aux honneurs,
» autorités, prérogatives, prééminences, pri-
» viléges, franchises, libertés, exemptions,
» pouvoirs, droits, fonctions, fruits, profits,
» revenus et émoluments susdits; car tel est
» notre plaisir. Donné à Saint-Cloud, le vingt-

» huitième jour du mois de mai, l'an de grâce
» mil sept cent quatre-vingt-huit et de notre
» règne le quinzième.   *signé* Louis.

» Par le roi : le comte de Bréteuil. »

Nous allons aussi donner copie de l'ordonnance royale, telle qu'elle a été délivrée pour
la nomination du nouveau titulaire, après la
restauration de 1815.

Paris, le 20 avril 1820.

« Louis, par la grâce de Dieu roi de
» France et de Navarre, à tous présents
» salut, etc.

» Vu, etc.

» Nous avons ordonné et ordonnons ce qui
» suit :

ART. 1er.

» Le sieur............ est nommé pour remplir
» les fonctions de viguier dans la vallée d'An-
» dorre, en remplacement du sieur............,
» démissionnaire.

ART. 2.

» Ledit sieur............ exercera lesdites fonc-
» tions aux mêmes titres, droits, charges,

» conditions et avantages dont jouissaient les
» viguiers nommés par nos prédécesseurs; il
» nous prêtera serment, en cette qualité,
» entre les mains de notre procureur près le
» tribunal de première instance séant à Foix,
» département de l'Ariége.

ART. 3.

» Notre ministre secrétaire d'état de l'in-
» térieur est chargé de l'exécution de la pré-
» sente ordonnance.

» Donné au château des Tuileries, le 20
» avril an de grâce mil huit cent vingt, et
» de notre règne le vingt-cinquième.

» signé LOUIS.

». Par le roi :

» Le ministre secrétaire d'état au départe-
» ment de l'intérieur, signé SIMÉON. »

Les deux pièces que nous venons de rapporter, disant que le viguier exercera ses
fonctions aux mêmes titres, droits, charges,
conditions et avantages dont jouissaient les
viguiers nommés par nos prédécesseurs, etc.,
annoncent que, dans l'origine, les viguiers
français avaient encore plus d'autorité et

d'avantages qu'ils n'en ont aujourd'hui : non
que les droits du roi de France ne soient les
mêmes, mais il est à présumer que la négli-
gence du viguier français à se rendre souvent
en Andorre, a fourni aux Andorrans les
moyens d'empiéter sur les droits d'une autorité étrangère.

Il semblerait encore, d'après les termes
dans lesquels ce titre est accordé, qu'il y avait
autrefois des revenus ou émoluments quelconques attachés à cette charge; et, en effet, si
on remonte à la transaction ou sentence arbitrale du 8 septembre 1278, rendue en présence du roi d'Aragon, entre Bernard Roger,
comte de Foix, et Pierre, évêque d'Urgel, on
y voit que « le comte pouvait voter une taille
» illimitée de ses sujets d'Andorre, qu'elle
» était limitée pour l'évêque, et que ce dernier
» n'avait que le quart et le comte les trois
» quarts des émoluments de la justice qui
» serait rendue par les deux viguiers. » Il
semblerait donc que les trois quarts des émoluments de la justice furent alors en tout ou
partie l'apanage des viguiers français, et qu'il
y avait alors des émoluments qui n'existent

plus, on ne sait comment, puisque, quant aux pouvoirs, ils sont encore tels que les régla cette même sentence arbitrale. Ces émoluments n'existaient plus sous Louis XIV; et si nous vivions sous l'empire d'un gouvernement absolu, la France pourrait aisément rentrer dans la généralité de ses droits en Andorre : droits qu'elle n'a perdus que par le peu de surveillance de ses viguiers ; mais elle doit respecter sa législation, qui dérive de la révolution de 1789, et notamment les dispositions de l'art. 2227 du Code civil, qui dispose d'une manière absolue qu'on peut opposer de la prescription, tant contre l'état, les établissements publics, que contre les communes.

Cependant nous pouvons affirmer que, durant le *règne* de Louis XIV, les avantages honorifiques de la charge des viguiers, tant en France qu'en Andorre, existaient encore dans leur entier.

En parlant des avantages de la charge des viguiers dans des temps très reculés, nous aurions pu citer beaucoup d'autorités ; mais nous avons pensé que nous pouvions nous dispenser de les reproduire, parce que quelques usages sont tombés *dans un état de désuétude.*

Aujourd'hui nous parlerons des devoirs qui sont imposés aux viguiers dans l'intérêt de la France. Le viguier français qui est en fonctions, est obligé, par sa position, de surveiller et de maintenir tous les droits de la France sur l'Andorre. Il doit d'abord repousser tous les empiétements des Andorrans sur ces droits; ceux de l'Espagne sur l'Andorre, et en prévenir l'autorité supérieure; il doit encore, par sa considération personnelle, acquérir assez d'influence dans ce pays pour que l'administration soit dévouée au roi et aux intérêts du royaume, et en se faisant aimer et respecter lui-même de tous les chefs de famille, leur faire chérir et révérer l'autorité et le nom du roi, et, par ce moyen, conserver l'ascendant qu'il semble qu'une plus grande autorité donnait autrefois aux anciens viguiers. Pour parvenir à ce but, il doit se montrer le protecteur de tous ceux qui viennent en France. Comme leurs maisons sont non-seulement ouvertes à lui et à tous les étrangers, et particulièrement aux Français, sa maison doit aussi être ouverte aux Andorrans. Les pauvres doivent y trouver des secours et les autres l'accueil gracieux à l'hospitalitéqu'ils offrent eux-mêmes si généreusement. Non-seulement le viguier doit recevoir et protéger tous les individus, mais encore plus particulièrement les intérêts généraux des Andorrans. C'est par lui que le peuple a de tous les temps recouru à la protection de Sa Majesté.

En 1821, un espagnol nommé Valles (1) présenta aux cortès un mémoire dans lequel il cherchait à prouver que l'Andorre faisait partie de la Catalogne. Il avançait cependant que Charlemagne avait rendu ce pays indépendant, et qu'il l'était depuis lors; mais il traitait cet acte d'usurpation, et concluait à ce que ce pays, sans s'arrêter aux droits de la France, fût régi par la constitution des cortès et qu'il fît partie de la Catalogne.

Le chef politique de la Catalogne, s'étayant de ce mémoire, demanda la réunion de la vallée

____

(1) Ce Valles, ancien capitaine, fut pris en 1822, dans le fort de la Seu d'Urgel, par le trapiste, et fusillé deux jours après comme chef propagateur des nouveaux principes révolutionnaires.

d'Andorre, n'importe les droits que pouvait avoir la France dans cette contrée. L'Andorre, justement alarmée, écrivit que, dépendant du roi de France, Sa Majesté seule pouvait répondre à cette question ou étrange demande, et de suite implora par son viguier la protection de Sa Majesté.

Le viguier, pour faire apprécier l'injustice de cette prétention et la fausseté des assertions sur lesquelles elle était basée, réfuta le mémoire, après l'avoir traduit, et prouva que l'Espagne n'avait aucun droit sur l'Andorre.

Ce mémoire et la réfutation furent transmis au gouvernement, qui dût trouver cette dernière juste, puisqu'il s'ensuivit une note diplomatique à la cour d'Espagne pour la conservation de la neutralité, et il ne fut plus question de cette ridicule prétention du chef politique de Barcelone.

Valles et *le chef politique*, pour donner à leur prétention un caractère de vraisemblance, auraient dû citer les droits que l'Espagne avait sur l'Andorre avant Charlemagne : alors ils pouvaient hasarder que ses droits avaient été usurpés ; mais rien de tout cela ne se trouve dans le long mémoire par eux présenté. Seulement on y trouve la preuve contraire.

Depuis cette époque, les événements qui se sont succédé sur les frontières ont souvent obligé les Andorrans à recourir à leur viguier, pour exposer leurs besoins et faire part de leurs craintes au gouvernement français, qui les a aussitôt couverts de sa protection.

Le viguier a été obligé à une surveillance plus grande à cause des circonstances où le pays se trouvait, et de la grande quantité d'étrangers qui y ont séjourné ou passé.

Afin de tenir l'autorité supérieure instruite de tout, il a été obligé de faire en Andorre de fréquents voyages pour la conservation de sa neutralité, et pour y faire exécuter les ordres du roi.

Le costume assigné aujourd'hui au viguier de France est un frac en drap noir, avec une broderie noire composée de branches de lis et d'olivier, chapeau à plumes, gants noirs et l'épée, du moins jusqu'en 1830; j'ignore si la révolution de juillet y [a apporté quelque changement. Il semblerait, d'après les termes de la commission du viguier, qu'il devrait être toujours catholique, aucune autre religion n'étant connue en Andorre : cela paraît dans l'ordre. Des circonstances particulières à sa réception, dont nous allons parler, apprennent encore cette assertion.

Le viguier, lorsqu'il est nommé, en donne avis à M. le syndic procureur-général de la vallée, et fixe le jour qu'il a choisi pour se rendre à la ville d'Andorre et se faire connaître en sa qualité.

Le syndic assemble pour ce jour-là le conseil général dans le palais. Après avoir entendu une messe, à laquelle le viguier élu ne peut être admis, puisqu'il n'est pas encore reçu, on l'envoie prendre à son logement par deux membres du conseil général. Il traverse au milieu la ville d'Andorre, accompagné des amis qui l'ont suivi en Andorre; car il est d'usage que le viguier amène avec lui plusieurs Français. On verrait avec peine un viguier se rendre seul pour se faire recevoir; et, en général, même au premier moment, on juge du degré de considération dont il jouit dans son pays par le nombre d'amis qui l'accompagnent.

Arrivés à la porte du palais, deux autres membres l'y attendent et l'introduisent avec son cortége dans le conseil, qui se tient dans une grande salle, à laquelle il y a près du syndic un siége destiné au viguier et surmonté d'un christ. Arrivé au centre de la salle, les introducteurs préviennent le viguier d'adorer l'image de notre Rédempteur, et se mettent eux-mêmes à genoux avec le viguier et toutes les personnes qui l'accompagnent.

Pendant cette introduction, les vingt-quatre membres du conseil souverain sont debout, avec leur manteau de cérémonie et la tête découverte. Ce sont presque tous des vieillards, dont l'air grave et les cheveux blancs, la plupart chauves, commandent le plus *grand respect*. Arrivé à son siége, le viguier prononce un discours, dans lequel il conclut à être reçu, reconnu et mis en possession réelle et corporelle de la charge et autorité de viguier, et alors il présente son titre.

Le syndic répond au discours, consent, après avoir pris l'avis du conseil, à recevoir et reconnaître le viguier envoyé par S. M. Très-Chrétienne. De suite le viguier, en posant la main sur un livre des saints évangiles, prête le serment d'usage : de rendre bonne et loyale justice, et de ne pas attenter aux priviléges des vallées.

Le greffier-secrétaire de la vallée transcrit sur le registre l'ordonnance de nomination du viguier, dresse ensuite l'acte de réception, et sans désemparer le syndic remet au viguier la liste des six candidats sur lesquels le viguier doit choisir son baile, et l'invite à se rendre à la chapelle du palais avec sa suite. Après une action de grâce, le viguier est invité, ainsi que les personnes qui l'ont accompagné, à un grand dîner d'*apparat*, donné aux frais de la vallée. Le dîner a lieu aussi dans le même palais des cérémonies. On n'y admet que les membres du conseil général, le viguier de l'évêque, le secrétaire de la vallée et les personnes qui accompagnent le viguier, etc. Les femmes, comme nous l'avons dit, en sont exclues, et ne peuvent, sous aucun prétexte, assister à ce banquet.

L'avant-dernier viguier reçu était accompagné de deux femmes, qui furent accueillies avec tous les égards et le respect possible dans

les meilleures maisons de la ville d'Andorre ;
mais elles ne purent assister ni à la réception
ni au repas. Après le dîner, le viguier offre à
l'assemblée un dessert qu'on appelle la *colla-*
tion ; il se compose de gâteaux, fruits, liqueurs,
etc., dont l'usage est peu connu dans le pays.

Sol et ses productions.

La vallée d'Andorre est extrêmement montagneuse, d'un aspect sauvage, vue surtout
d'un point élevé. Elle est hérissée de hautes
montagnes ; le pin, qui les domine partout,
loin de leur donner un aspect riant, ne fait
que les rembrunir davantage. Cependant quelquefois l'âpreté de ces rochers est coupée par
des montagnes moins arides, et sur lesquelles
on trouve de beaux pâturages.

En descendant dans la vallée, la scène
change. Plusieurs ruisseaux ou rivières y
prennent leurs sources. L'Embalire ou Balire,
comme nous l'avons dit, en est la principale et
reçoit toutes les autres. En quittant l'Andorre,
elle traverse quelque temps le territoire espagnol, et va se jeter près la Seu d'Urgel dans

la Sègre. Il y a aussi beaucoup de fontaines dont les eaux sont en général bonnes et limpides.

Toutes ces rivières arrosent un nombre infini de prairies. On rencontre dans leur cours plusieurs vallons assez spacieux et bien cultivés qui réjouissent la vue attristée par les montagnes. Souvent les rivières, obligées de franchir des rochers, forment diverses cascades. A chaque pas on trouve des habitations et des troupeaux errants. Le long de ces vallées, on rencontre des habitants qui, sans marquer aucune curiosité, répondent aux obligeances, aux questions que le voyageur adresse, et lui offrent de même leurs services. Dans l'ensemble, ce pays inspire au voyageur une espèce de vénération religieuse. Les meilleures terres des vallons étant mises en prairies, il reste aux habitants peu de champs en culture, et si ce n'est dans les années d'abondance, le pays ne produit pas assez de grains pour la consommation locale, ce qui est connu par la permission que les Andorrans ont obtenue d'extraire du territoire français la quantité de mille charges de blé seigle. (Arrêt du conseil du 18 décembre 1767.)

L'évêque d'Urgel et le chapitre ne peuvent vendre aux pays voisins les grains provenant de la dîme qu'après que les Andorrans sont pourvus. La même défense existe contre les propriétaires qui ont en excédant des grains, prélèvement fait de ceux qui leur sont nécessaires pour la consommation de leurs familles.

Le sol de l'Andorre ne produit que du blé seigle, de l'avoine, des pommes de terre et quelques légumes sur la Basse-Andorre seulement et en petite quantité. La plus grande richesse des Andorrans est, en bestiaux de toute espèce, tels que bétail à laine, vaches et juments, etc. On ne trouve que très peu d'arbres de hêtre et quelques noyers, dans les environs de la ville d'Andorre et de St-Julia, qui s'élèvent dans les champs.

Les forêts sont couvertes de bois de pin, qui sert à l'affouage des habitants et des forges, ainsi que nous l'avons dit plus haut.

La vallée d'Andorre est fort abondante en gibier. Il erre sur les plus hautes montagnes de grandes troupes de chevreuils, sorte de chèvres sauvages qu'on appelle isards. Il y a des sangliers, des ours, des loups et beaucoup de renards. On y prend beaucoup de coqs de bruyère, des perdrix de plusieurs espèces, et entr'autres la perdrix blanche, qui n'est autre chose que la *lagapede* décrite par Buffon, enfin des lièvres, etc.

L'Embalire ou Balire et autres principales rivières sont fort poissonneuses; on y pêche des truites d'une qualité supérieure.

Dans les villages de Las Escales, il y a des eaux minérales à plusieurs degrés de chaleur. On a quelquefois trouvé des jaspes très précieux, et il existe des mines de fer dans le pays, mais elles ne sont pas bien riches.

Monuments anciens.

Il existe, près de Saint-Julia, une maison dont la construction annonce une très grande antiquité; elle est située dans la plus agréable position de la vallée et dans la partie basse, mais sur une petite élévation; c'est sans doute pour cette raison qu'on appelle cette habitation Mont-Olivera. D'après une tradition constante, on croit que Charlemagne l'a habitée, et qu'il s'arrêta là quelques jours. On remarque aussi près d'Ordino une vieille tour assez bien conservée, située sur un rocher, et que l'on croit avoir été construite par les Maures : on la nomme encore aujourd'hui la tour de la *Mèque*.

Son Industrie.

Tout commerce est libre en Andorre, tant pour les étrangers que pour les naturels. Il n'y a point de douane ni droits quelconques sur les objets de commerce. Les Andorrans usent peu de cette liberté pour introduire la contrebande en France ou en Espagne, ce peuple étant essentiellement cultivateur et pasteur ou berger. Si leur pays devient quelquefois le refuge d'objets prohibés chez les nations voisines, c'est par suite des spéculations des étrangers qui les y apportent.

L'industrie, regardée comme inutile et dangereuse même par les principaux du pays, à cause des innovations qu'elle pourrait y apporter, n'y est point en honneur; aussi il n'y en a d'autre que celle des objets indispensables qui sont encore peu perfectionnés dans tous les genres. Nous ne comprendrons pas dans cette classe la fabrication du fer. Il y a en Andorre cinq forges placées à Encamps, aux Escaldes, à Ordino et au-dessous de Saint-Julia, appartenant toutes à des principaux propriétaires du pays. Ces forges s'alimentent du charbon provenant du bois que les communautés vendent annuellement, ainsi que nous l'avons dit au mot, *revenus communaux*. Chaque communauté est même obligée de donner la préférence, aux propriétaires des forges qui sont dans leur territoire. On ne peut les vendre ailleurs que sur leur refus.

Ces forges sont alimentées par la mine située au territoire de la paroisse de *Canille*, et par le minerai qui vient de France, soit par la vallée d'Auzat et vallée de Carol, dont on a la liberté de prendre, sans formalité et sans payer d'autres droits que la redevance de 960 fr. établie pour les concessions faites à l'Andorre, ainsi que nous l'avons dit plus haut.

On emploie pour la fonte du minerai et la fabrication du fer les mêmes procédés que dans l'Ariége. Il produit peu d'acier naturel, et de mauvaisé qualité, parce que le minerai de *Canille* trop acre et peu riche, mêlé avec les minerais de France, ne peut point s'allier au degré de perfection nécessaire pour la fonte.

On ne connaît pas dans ce pays les procédés de la cimentation, et je ne crois pas qu'on ait fait d'essai pour connaître si ce fer y serait propre. Les ouvriers qui travaillent à ces forges sont tous du département de l'Ariége.

Tout le fer qui se fabrique en Andorre est vendu en Espagne, où l'on trouve moins de concurrents qu'en France, et par conséquent de meilleurs prix. Les autres genres d'industrie se bornent à ceux exercés par les ouvriers pour les objets d'un usage ordinaire, comme tisserands, cordonniers, menuisiers, etc.

Il n'y a de remarquable que quelques fabriques de draps grossiers à l'usage des habitants, tous tissés sans mécanique, mais d'après les anciens procédés, et avec de la laine du pays, qui est fort grossière. Ce drap est d'une bonté et d'une force remarquables; entr'autres, une qualité fabriquée pour des chaussons, qui est comme une semelle. Les Andorrans font souvent des voyages sans autre chaussure. On emploie pour le même usage beaucoup de ce drap, qu'on appelle drap d'Andorre. Il y a dans le pays sept à huit foulons pour ces fabriques.

Eloge des Andorrans.

Telles sont les vallées et souveraineté de l'Andorre, car c'est ainsi qu'ils appellent leur pays dans les actes publics. Il n'entre point dans notre plan de trancher, sous aucun rapport, les nombreuses questions d'administration, de politique et de morale que l'existence de ce petit état et son organisation peuvent faire naître. Mais nous pensons que ce peuple, qui n'a subi aucune variation dans son intérieur depuis donze cents ans, et a su, au milieu de deux grandes nations souvent en guerre, se conserver en paix, maintenir son indépendance, ses droits et ses priviléges, mérite beaucoup d'éloges, quand on voit surtout qu'il n'a jamais eu d'autres armes que les vertus privées et publiques, la simplicité de ses mœurs, la modération de ses goûts, et le bon sens qui s'est transmis d'âge en âge.

Dans ce siècle de lumières, pour ne pas dire *progrès* révolutionnaire, quelqu'un peut-être plaindra l'ignorance de ce peuple. Pour moi, en terminant cette notice, je dirai aux bons Andorrans, dont je connais les vertus et le bonheur : heureuse ignorance ! conservez-la toujours, et, comme vos anciens, repoussez sans cesse toute innovation; que votre suprême loi soit toujours d'imiter vos pères; que vos désirs soient bornés. Méprisez le luxe et ses découvrtes, qui ne peuvent convenir à votre pays, placé au milieu des montagnes des Pyrénées, dont le sol ne vous offre qu'une médiocre existence, que vous ne trouvez que dans l'économie. Gouvernés par vos concitoyens, sincèrement attachés à la religion de vos pères, continuez de leur apporter la soumission et l'obéissance qui sont nécessaires au pouvoir, et vous serez toujours heureux.......

Protégés par le roi *citoyen* des Français, vous serez le peuple le plus fortuné du monde, et vous n'aurez jamais rien à envier aux grandes nations qui vous entourent, malgré l'éclat de leur puissance et de leurs lumières. Enfin, mettez toujours la même barrière à la propagande, qui en plusieurs circonstances, sous les charmes d'une liberté éphémère, a voulu vous détacher de vos principes en vous faisant prendre parti tantôt en faveur de la France tantôt en faveur de l'Espagne. N'écoutez aucune proposition. Nés indépendants, sachez mourir de même, à moins qu'on ne vous enlève vos droits et priviléges par les armes de la force.

Quelle administration sage, pure, simple et économique on trouve dans la petite république d'Andorre! Il serait à désirer que les mêmes principes qui la constituent se trouvassent chez toutes les nations de l'Europe. Alors il y aurait plus d'ordre et moins de révolutions; mais nous devons avouer que l'étendue des territoires et la force des populations s'y opposent. Il faut donc à ces gouvernements une force d'administration plus compliquée et plus répressive, pour contenir l'élan de la nouveauté, qui a déjà causé de grands et déplorables évènements (*évènements que nous ne devons qu'au caractère des Français*).

Oui, en général, ces gouvernements ne règnent que par la multiplicité des fonctionnaires salariés et par l'armée. Le restant du peuple, béchant la terre et livré à l'industrie nationale, n'a qu'à obéir et se soumettre le plus souvent aux actes qui émanent du pouvoir absolu. Le peuple en général, nous le savons, n'est compté pour rien, seulement pour verser les sueurs de son front au trésor de l'état, qui doivent être distribuées aux différentes administrations, cours des comptes, de cassation, cours royales, tribunaux, etc.

Les princes, à leur avènement au trône, promettent tout, mais parvenus au titre de la royauté, ils oublient facilement leurs promesses. Ceci est une vérité incontestable, et nous pourrions citer plusieur exemples *(non loin)*, si, par respect aux princes qui règnent, nous ne devions les laisser ignorer à la classe ouvrière.

En 1788, époque des premiers jours de la révolution, la France n'avait que de 460 à 480 millions de recette, et depuis, d'année en année, elle a atteint le chiffre de 1 200 millions, somme même insuffisante pour faire face aux dépenses de l'Etat. (Voilà le fruit des révolutions).

La Russie, le premier état de l'Europe, avec une population de 72 millions d'habitants, n'a qu'une recette de 580 millions; avec cette somme elle pare à toutes les dépenses, fait la guerre au besoin, met sur pied de guerre une armée de 7 à 800 mille hommes, et entretient la paix à l'extérieur et dans ses états.

Cette puissance, en copiant la petite république d'Andorre, sur les seuls points des administrations, tribunaux, etc., ne nomme aux emplois que les premiers dignitaires de l'état; et en leur confiant les pouvoirs de gérer, administrer, et de rendre la justice, leur déclare que, quoique les fonctions soient à vie, elles ne sont pas salariées, seulement honorifiques. Cela étant ainsi, le monarque est dispensé d'augmenter ni d'établir de nouvelles contributions.

Les grands et fortunés dignitaires étant à la tête des affaires, les révolutions ne peuvent point changer la face du gouvernement, parce que l'honneur seul et leur intérêt personnel leur commandent, de surveiller les conspirateurs, de sévir contre ceux-ci sans ménagement, et de maintenir la paix et l'obéissance aux lois de l'état.

Il n'en est pas ainsi en France, parce que nos doctrines sont tout-à-fait en opposition avec les autres gouvernements : car les Français, s'étayant de leur civilisation, aspirent à tous les emplois, trop rétribués, et pour y parvenir, ils méditent des conspirations contre le pouvoir qu'ils cherchent à envahir, en disant aux fonctionnaires qui sont au pouvoir : *ôtez-vous de là, parce que nous voulons nous y mettre.*

Si les places étaient seulement honorifiques, comme en Andorre et en Russie, nous n'aurions point à nous plaindre de tant de révolutions. Lisez mon dialogue entre un français et la vérité, et vous verrez que depuis 1788 nous comptons 13 pouvoirs qui ont laissé et laissent de si pénibles souvenirs. Oui, il faut le dire, l'ambition de certains hommes, méditée de longue main, a fait préparer ces changements dans le seul but, les uns de régner et de gouverner, les autres d'administrer et gérer les affaires de l'état, se servant même, pour arriver à ce pouvoir, de tous les prétextes pour ameuter le peuple contre le pouvoir régnant. Vous l'avez vu dans toutes les circonstances qui se sont succédé depuis 1789, c'est ce qui me dispense d'en énumérer les faits, laissant à l'histoire le soin de les détailler. Ah ! pauvre peuple, on se sert de tes bras pour renverser les monarchies, et on te cache les suites de ces grands évènements. Mais je dois te le dire, toutes les révolutions sont contre toi, et ne sont profitables qu'aux hommes à chapeau et aux ambitieux. Ainsi, donc, ne pense qu'à ta charrue ou à l'industrie que tu professes, avec lesquelles tu dois donner du pain à ta famille; méprise ces hommes pernicieux qui veulent encore te parler de tes droits et de la liberté éphémère pour te séduire de nouveau; chasse-les de ta chaumière, et arme-toi du long bâton qui te sert pour diriger les bœufs attachés à la charrue, et, avec cette arme *agricole*, apprends-leur que tu connais par expérience leurs menées. En suivant ce conseil, tu ne verras plus de révolutions ni de changements de gouvernement; car ils sont trop lâches pour se mettre à la tête d'une émeute populaire : ils ne sont bons que pour *pérorer* au milieu des groupes de la basse extraction, et aussitôt le combat engagé, ils se retirent pour se soustraire à la police. Voilà les hommes du jour. Quant à moi, je serai éternellement leur ennemi, et je ne laisserai jamais échapper l'occasion de les dépeindre sous les couleurs qui leur conviennent, et plus particulièrement ceux qui les ont ou feront agir pour opérer de semblables insurrections.

CONCLUSION.

L'auteur de cette esquisse historique, bien instruit de tout ce qu'il a avancé, a cru servir la France et l'Andorre en prenant la plume après les évènements politiques et militaires qui avaient placé cette petite souveraineté dans une position difficile vis-à-vis les deux puissances belligérantes qui l'entourèrent de toutes parts. C'est le cas de relever ici une erreur assez communément répandue. En général les personnes qui ont parlé de l'Andorre ont cru, les unes que c'était un pays neutre et tout-à-fait indépendant de la France et de l'Espagne, les autres que la France et l'Espagne y avaient certains droits. L'Espagne n'a aucune espèce de droits sur ce pays. L'évêque d'Urgel, seul, a une partie des droits de la France, ainsi que nous l'avons dit dans cette notion historique. L'Espagne même n'a jamais élevé aucune prétention, jusqu'à celle du chef politique de Barcelone, en 1821, qui n'eut aucune suite et dont nous avons déjà parlé.

Droits de la France dans lesquels elle doit se maintenir.

On a vu les principes des droits que les évêques d'Urgel ont sur l'Andorre, investis de la concession que leur en fit Louis-le-Débonnaire ; et il est à remarquer qu'à cette époque, cet évêque était sujet des souverains français qui ont conservé leurs droits jusques au traité de Corbeil, fait le 11 mai 1258, entre Louis IX, roi de France, et Jacques, roi d'Aragon. Par ce traité, Jacques, roi d'Aragon, céda ses droits et prétentions quelconques sur les villes et pays de Carcassonne, du Razés, de Lauragais, du Termenois, de Béziers, de Toulouse, et enfin sur tous les domaines qui avaient appartenu à feu Raymond, comte de Toulouse (il paraît que les droits que céda le roi d'Aragon n'étaient point réels); et Louis IX, en contre-échange, céda au roi d'Aragon les droits de souveraineté, dont ses prédesseurs avaient joui depuis Charlemagne sans interruption, sur les comtés de Barcelone, d'Urgel, de Besala, de Roussillon, Empeyras, Cerdagne, Conflend, Gironne et Ausonne, etc.

Par ce traité, les droits que Louis-le-Débonaire avait cédés sur l'Andorre à un évêque son sujet, se trouvèrent entre les mains d'un évêque devenu sujet espagnol, qui n'en a la possession que parce que son évêché a fait partie de la monarchie française et par le don d'un souverain de cette monarchie. On voit donc combien l'Espagne est étrangère à l'Andorre, et même encore aux droits qu'un de ses évêques a sur ce pays-là. (La concession fut faite à l'évêque et non à l'Espagne).

Il est à remarquer que, depuis le traité de Corbeil jusqu'à nos jours, aucun acte des comtes de Foix ni des rois de France n'a affaibli les droits de Sa Majesté sur l'Andorre. Ce traité prouvant la souveraineté de la France sur les possessions au-delà des Pyrénées depuis Charlemagne, et expliquant celles que la France

céda aux rois d'Aragon, on peut dire, quant
aux possessions non cédées, que la France a
entièrement conservé la généralité de ses droits
sur l'Andorre, dont elle a joui depuis Charlemagne jusqu'à ce jour.

Si les évêques d'Urgel, par leur voisinage
et l'influence que leur pouvoir spirituel leur
donnent sur l'Andorre et le séjour qu'ils y font
tous les ans, avaient empiété sur les droits de
la France, S. M. peut en reprendre l'exercice
à sa volonté, et obliger les évêques d'Urgel à
s'en tenir aux droits cédés par Louis-le-Débonnaire, et aux accords faits entre eux et les
comtes de Foix.

Nous dirons sans réserve que notre gouvernement, trop occupé à la politique exté-
rieure, ne cherchera point à connaître si les
évêques d'Urgel ont élevé quelques prétentions
sur nos droits dans la vallée d'Andorre, et
si même ils ont empiété sur iceux : il est seulement occupé aujourd'hui, d'après le traité de
la quadruple alliance, tombé en désuétude, à
tenir sous l'index les Espagnols qui regrettent
le *statut royal*; à confiner à l'intérieur, sur
la demande du gouvernement d'Isabelle II, les

espagnols qui, pour se soustraire à l'arbitraire de leur gouvernement, viennent se réfugier en France; à tolérer que le gouvernement espagnol exerce des droits de souveraineté en Andorre, où il n'a aucune juridiction, en lui ordonnant par la force d'expulser tel ou tel autre sujet espagnol, même de chasser son propre évêque, qui est d'Urgel, et de lui refuser dans son exil le paiement de ses droits, qui dérivent des concessions faites à ses prédécesseurs par les souverains français.

Monseigneur l'évêque d'Urgel, confiné à Montpellier, a porté une demande devant nos tribunaux, en paiement de ses droits contre les Andorrans, et je doute fort de sa réussite par des raisons connues et que je me réserve.

La conduite que notre gouvernement tient envers l'Espagne est toute amicale et de bon voisinage. Mais l'Espagne ne nous en tient pas compte, et par reconnaissance elle se livre, par la presse, à des injures graves contre le monarque qui a tout fait pour le maintien de ses institutions libérales. L'Espagne veut s'attribuer la gloire d'avoir fait déposer les armes, sans combat, à une armée brave de cinquante mille

carlistes, ayant des places fortifiées et un énorme matériel de guerre ; et par ses jactances,
elle cherche à faire oublier qu'elle ne doit la
soumission de l'armée carliste qu'à la politique
du gouvernement français (ceci est incontestable). L'Espagne, toujours prêchant contre les
Français une haine dont rien n'approche,
publie qu'elle ne doit l'existence de ce corps
insurgé qu'à la supercherie de la France. Oui,
les injures d'un caractère grave et reproduites
par le journal *Fraygerundio* ont été méprisées
par notre monarque, qui, faisant usage de sa
politique ordinaire, a reçu avec distinction ce
progressiste lors de son voyage à la capitale, sans
doute pour lui prouver que, né espagnol et
écrivant dans sa patrie, ses écrits ne pouvaient
être incriminés en pays étranger. (Il n'en est
pas ainsi en Espagne.)

Si je devais faire l'apologie des deux gouvernements, je devrais me livrer à une dissertation, et alors, en disant de grandes vérités,
je blâmerais l'arbitraire et la licence de l'un et
la faiblesse de l'autre, pour ne pas dire autre
chose. Je me bornerai donc à dire que, si l'Espagne, en 1839 et 1840, *avait eu assez de ruse*

et de supercherie pour séduire les généraux carlistes, elle déploierait dans cette circonstance une partie de sa bravoure de 1810 et de son caractère, pour arrêter dans leurs courses quelques bandits tels que Felip, Estaudiant, Gomès et Tristany, etc., qui, sous une prétendue bannière de co-christine et carliste, mettent à contribution les plus notables du pays; mais non, ces malveillans ou voleurs sont enhardis par le peu de prévoyance du gouvernement d'Isabelle II, dont les chefs ne pensent, sans doute, qu'à faire leur trousseau pour passer en Angleterre, etc.

Au premier aperçu, il semble que la conservation de nos droits sur l'Andorre est peu importante. Il n'en est pas ainsi lorsqu'on connaît les localités des deux frontières (France et Espagne), l'Andorre au milieu, séparant les deux puissances par un espace de douze lieues. J'ose donc avancer que, l'Espagne étant dans une révolution progressiste, dont le système tend à renverser la monarchie, en suivant l'exemple que nous avons donné à l'Europe en 1793, l'existence de ses droits et notre influence sur l'Andorre peuvent devenir utiles sous le rapport politique, militaire et commercial.

Je ne traiterai point le premier article, parce qu'il rentre dans les attributions de notre gouvernement, et parce qu'il m'écarterait de mon sujet.

Sous le rapport militaire, on peut dire que l'Andorre est pour la France une immense forteresse, et un pilote qui met en garde celle-ci contre toute invasion de la part de l'Espagne.

Sous le rapport commercial, l'Andorre n'ayant point de douanes, notre commerce y fait de grands dépôts de tissus, qu'on peut expédier en Espagne sans trop de danger. La nature a fait encore beaucoup de frais pour ajouter à notre sécurité sous ce rapport : les montagnes qui nous séparent de l'Andorre sont très élevées, et les passages fermés par la neige huit mois de l'année.

Mais, dans la belle saison, si, en temps de guerre, un corps de troupes espagnoles pouvait s'approcher et stationner au pied des passages, il pourrait facilement faire des incursions sur notre territoire, enlever des bestiaux, piller les villes et villages des frontières ; et pour parer à ces inconvénients, nous serions forcés de tenir un immense cordon sur les différents points de cette frontière correspondant avec l'Andorre.

Dans la position où nous sommes, lorsque les armées espagnoles arriveraient sur la frontière d'Andorre, du côté de la Seu d'Urgel, elles auraient encore douze lieues de nos limites à franchir; et dans le cas où elles seraient dans l'intention de violer le territoire de l'Andorre, leur marche dans ce pays serait aussitôt connue, et nous donnerait le temps de nous mettre en défense.

Comme cette expédition ne pourrait avoir d'autres résultats que le pillage de quelques points de la frontière, une armée ennemie n'oserait s'exposer à traverser des vallées resserrées, dont les habitants sont tous armés, franchir des montagnes escarpées, avec la certitude de trouver les Français prévenus de sa marche; et dans sa retraite, tous les Andorrans en armes pour venger la violation de leur territoire.

La position de l'Andorre a été si bien sentie que, dans aucune guerre, les Espagnols n'ont fait aucune tentative sur ce point, et, comme nous l'avons dit, la France a cru pouvoir négliger tous les moyens de défense sur cette frontière.

Nous avons vu depuis 1820 de sanglants combats entre les Espagnols et la garnison du fort d'Urgel, et tous ces évènements n'ont nécessité aucune mesure de défense de notre part ni donné aucune inquiétude, à cause de l'espace que l'Andorre met entre nous et la frontière espagnole.

Nous pouvons ajouter une autre considération non moins militante. Les habitants de l'Andorre, se trouvant placés sur le penchant des Pyrénées du côté d'Espagne, et séparés de la France par des montagnes d'un accès difficile, ont toujours prévu que l'Espagne pourrait dans quelques circonstances avoir intérêt à détruire leur indépendance, tandis que la France, loin de désirer la possession de leur pauvre vallée, qui lui serait onéreuse à cause des localités, aura toujours intérêt à la conservation de leur neutralité.

D'ailleurs des relations d'intérêt et de reconnaissance les lient à notre patrie, dont ils tirent, ainsi que nous l'avons vu plus haut, une partie de leur subsistance. Aussi nous devons dire, à leur avantage, qu'ils ont toujours été fort exacts à nous prévenir, en temps de guerre, de tous les mouvements des Espagnols, etc.

Nous pouvons dire que, toutes les fois que la France aura un viguier zélé, sage, prudent, elle peut compter que les Andorrans seront des amis et des sentinelles avancées fort utiles dans l'occasion.

Nous dirons aussi que les Andorrans, heureux d'une liberté qu'ils doivent à leur pauvreté et à leur vertu, ont vu, avec la plus vive douleur, la révolution française, et successivement celle d'Espagne, qui n'est qu'une filleule de la première. Le voisinage de ces deux nations les a même forcés, dans quelque circonstance, à mettre au jour les espions, et de chasser de leur territoire les hommes de parti qui cherchaient à les diviser.

Finalement nous dirons que, d'après ce qui a été exposé dans la courte analyse sur les faits, droits et usages concernant la république d'Andorre, la France y joue et doit y jouer le premier rôle, l'Espagne n'y ayant aucun droit, ainsi que nous l'avons démontré, sauf un de ses évêques, celui de la Seu d'Urgel, par suite de la concession à lui faite par Louis-le-Débonnaire, roi de France, et confirmée par le traité de Corbeil, 11 mai 1258. Sous ce rapport, la France doit toujours respecter l'indépendance et la souveraineté du petit pays de l'Andorre, parce qu'elle y trouve des intérêts réels, soit administrativement, soit militairement, soit sécurité, en cas de guerre, par le bon voisinage des Andorrans, et soit pour les opérations de son commerce. Elle doit aussi veiller à ce que l'Espagne n'y exerce aucun droit de souveraineté; et, en cas de tentative, une de ses notes diplomatiques suffirait pour arrêter ses prétentions, qui seraient contraires à l'autorité des titres par elle respectés pendant plus de douze siècles. La France doit encore protéger ce petit pays par tous les moyens qui résident dans sa puissance, et rendre sa position plus supportable.

Enfin, la France doit ratifier et confirmer aux Andorrans tous les droits généralement quelconques dans lesquels ils se soutiennent depuis Charlemagne, ainsi que le firent à leur avènement au trône Napoléon et Louis XVIII. Louis-Philippe Ier, roi des Français, en suivant l'exemple de ces deux monarques, ses prédécesseurs, fera et exercera un acte de souveraineté en Andorre tel que la France y a exercé depuis plus de 1200 ans, et les Andorrans, toujours fiers d'être sous notre protection, fidèles à leurs engagements, feront des vœux pour la conservation et prospérité de la France.

Instruire la société sur les évènements passés et présents, décrire l'esprit de la morale la plus pure, inspirer au peuple l'obéissance et la soumission aux lois de l'état, rappeler à chaque citoyen les droits et usages de son voisin étranger, telles furent les méditations de Jules-César et Corneille. Les miennes, sans être en opposition avec les doctrines de ces grands hommes, sont de prouver que toute mon ambition s'est bornée à faire maintenir l'Andorre et la France, chacune dans ses droits primitifs. Heureux si je puis obtenir ce but, et si j'ai trouvé dans mes recherches l'intérêt qu'elles ont à rester unies !

FIN.

TABLE SOMMAIRE

Des matières traitées dans ce volume.

FIN DE LA TABLE.

Toulouse, Imprimerie de veuve CORNE, rue Pargaminières, 81

9 782014 455526